2020EGL003疫情防控中的健康信息规避行为研究

众包任务成交绩效影响因素及智能分配方法研究

Research on the factors affecting the performance of crowdsourcing task turnover and intelligent allocation methods

张安淇／著

图书在版编目（CIP）数据

众包任务成交绩效影响因素及智能分配方法研究/张安淇著．—北京：经济管理出版社，2022.7

ISBN 978-7-5096-8631-7

Ⅰ.①众…　Ⅱ.①张…　Ⅲ.①企业绩效—企业管理—研究　Ⅳ.①F272.5

中国版本图书馆 CIP 数据核字(2022)第 132420 号

组稿编辑：白　毅
责任编辑：杨国强　白　毅
责任印制：黄章平
责任校对：张晓燕

出版发行：经济管理出版社
（北京市海淀区北蜂窝 8 号中雅大厦 A 座 11 层　100038）
网　　址：www.E-mp.com.cn
电　　话：（010）51915602
印　　刷：唐山玺诚印务有限公司
经　　销：新华书店
开　　本：720mm×1000mm/16
印　　张：13.75
字　　数：182 千字
版　　次：2022 年 9 月第 1 版　　2022 年 9 月第 1 次印刷
书　　号：ISBN 978-7-5096-8631-7
定　　价：88.00 元

前　言

众包作为社会化内容生产的一种新的商业模式，其源于企业（或个人）利用大众的集体智慧解决企业（或个人）的难题，能够节约运营成本，拓宽创新源。众包商业活动依赖于网络信息交互技术，显示出大众阶层是创造和创新的重要力量，体现了大众阶层共同创造价值的崛起。随着众包模式的逐渐推广和应用，关于众包的一系列问题日益凸显出来，尤其是众包任务分配效率低下、众包过程中人力资源浪费严重、大量低质量众包方案充斥平台、欺诈现象时有发生等。

本书从众包任务成交绩效的影响因素和众包任务的智能分配的角度切入，通过数据挖掘的方式，探索影响众包任务成交绩效的主要因素，以及各因素对成交绩效的影响路径和机制，并在影响因素分析的基础上，尝试构建提高众包任务成交绩效的众包任务智能分配模型。具体开展了以下工作：①从众包平台任务、众包平台任务分配、众包质量确保技术、众包可信度和其他相关研究出发对众包的相关研究成果进行综述。②对研究中涉及的相关概念和基础理论进行梳理。厘清众包和众包参与主体的概念，总结典型的众包平台，阐释结构方程、遗传与神经网络混合算法，归纳推荐系统的相关理论。③对当前众包平台中众包任务的主要交易模式进行归类。以单个任务为样本单元，尝试对众包任务的各因素进行量化，确定对应的量化指标。从自变量、因变量和调节变量出发对各变量指标进行操作性界定。借助八爪鱼采集器对一品威客网 2017 年内所有结束任务的相应指标进行抓取，对抓取的数据进行归纳整理和初步的统计分析。④构建各因素对众包成交绩效影响的结构方程，并运用抓取的数据和量化的指标对结构方程进行案例分析，探索各因素对众包成交绩效的具体影响路径和机制。⑤在结构方程的分析结果基础上，运用遗传算法和神经网络混合的算法，构建众包任务智能分配模型，并以一品威客网的数据进行案例分析。⑥基于本书构建的众包任务智能分配模型，对模型的输入变量进行灵敏度分析，找出分配模型对各因素的敏感程度，并对众包平台的运行机制提出了六个方面的优化建议。⑦总结本书的研究内容，分析研究的不足之处，并对未来研究进行展望。

通过本书的写作：第一，梳理了众包任务成交绩效的主要影响因素和影响路径。在悬赏招标制模式下，接包者经验、发包者经验、匹配度、接包者能力、任务关注度和发包者重视程度都对成交绩效存在显著的正向影响；在雇佣制模式下，发包者经验、匹配度和接包者能力对成交绩效存在显著的正向影响；在这两种模式下匹配度的影响程度均最大；各类别日均参与接包人数和各类别日均发布任务数均存在一定的调节作用。第二，构建众包任务智能分配模型。基于 BP 神经网络和遗传算法提出了一种针对众包平台众包任务分配的智能分配模型。第三，对一品威客平台悬赏招标制和雇佣制两种模式下众包任务智能分配模型各输入变量的灵敏度进行了分析，并从建立量化机制和智能分配机制，对接包者、发包任务进行关键信息标识，建立优先级，尝试创新众包交易模式，强化接包者权益保护六个方面提出了众包平台运行机制的优化建议。

目　录

第1章 导 论

1.1 研究背景与意义

1.1.1 研究背景

众包随着互联网的普及逐渐兴起并快速发展，目前已被广泛接受和采用。刘锋对众包现象进行了归纳和阐述，并结合该现象提出“威客商业模式”。Jeff Howe 通过总结美国互联网上兴起的众包现象，也提出了“众包”商业模式，并将其概括为个人（公司）通过互联网依靠大众的智慧和力量去完成以往仅依靠有限员工去完成的任务。对于一些领域的任务，这种商业模式能够有效地降低成本和提高效率。尤其是一些临时性和短期的任务，对于个人或者公司来说，选择众包的方式要比传统雇用员工的方式更降本提效。另外，通过互联网的方式可以广泛征集创意、深入了解用户需求等。因此，众包作为一种新的商业模式在众多领域得到了广泛应用，并日益发挥着越来越重要的作用。

（1）信息交互的崛起。随着信息技术的更新换代，互联网的信息交互能力实现了质的飞跃。众包现象在网络技术发展到 Web2.0 时兴起并逐渐发展。在信息技术的支持下，个人（公司）可以通过众包平台实现资源的优化配置、任务的协同合作。随着信息技术的进一步发展，尤其是 Web3.0 技术的广泛应用，众包网络平台的信息交互能力、数据处理能力、资源调配能力等都得到了有效提升，平台功能日趋多元化和精细化，平台服务能力越来越强。众包网络平台的发展为众包商业模式的快速推广提供了有力的助推。

众包网络平台作为互联网中的开放平台，具有多元开放的特点。与传统线下的合作模式相比，众包网络平台将打破距离限制，使知识和能力被深度挖掘。邱少平（2018）指出众包网络平台对个人价值进行了重塑，是对现有生产和合作模式的革新。

（2）大众阶层的崛起。相对于商业经济领域的专家，大众群体才是主体，只有充分挖掘大众的创造力，才能设计和生产出更符合大众需求的产品和提供更优质的服务。由于商业经济领域具有较强的专业性，在传统模式下，为了节约成本和降低风险，企业在设计、生产、销售等环节只交给专业的群体来实施。当国民素质逐渐提高，互联网将人们彼此相连以后，大众的创造力可以被低成本地挖掘出来。而且，随着生活水平的逐渐提升，个性化追求变得越来越普遍，需求量也越来越大，为了设计和生产出更为精细和多元的产品，就必须依赖和借助大众的创新力。例如，很多成功的软件都采用开源的方式，百度的阿波罗自动驾驶系统也采用开源的方式，这种方式可以为软件提供源源不断的创新。为了分析这一现象的本质，大量学者围绕大众创新潜力的挖掘展开了相关分析。例如，Surowiecki 研究了集体智慧现象，并对这一现象进行了概括和归纳，研究发现集体智慧被有效挖掘时比专家决策更科学和符合实际。Edmund S. Phelps 通过研究大众创新对一个国家和地区繁荣的贡献时，指出大众是驱动国家和地区创新的中坚力量。Tapscott 和 Williams 通过分析维基百科模式，提出了维基经济学，他更加强调大众的创造力，王张通过开放合作的方式，低成本地汇集大众智慧，完成了传统模式下不可能完成的任务。Yochai Kivelä 通过对网络社区创造力的研究提出了大众生产的概念，该概念更强调社区成员的分工合作和协同创造。

众包模式正是通过充分挖掘大众创造力的方式来进行知识生产的，因此该模式更符合互联网背景下分工协作的需求。众包平台是一个开放的平台，互联网的任一个体都可以参与其中，从而为大众创造力的发挥提供了广阔的空间。

（3）共同创造价值的崛起。Zwass（2010）通过归纳相关已有研究成果，对共同创造进行了定义，认为用户在企业（个人）的资助和指导下，或者自发组织而开展的价值创造活动为共同创造。其中，在企业（个人）资助和指导下的共同创造活动就是众包过程。需求者在网络平台发布任务，价值创造者根据需求者的要求进行协同创造。整个价值创造过程经历了商品主导、服务主导、服务科学三大主流的发展过程。这区别于传统的商业价值创造活动，传统的商业价值创造活动认为价值创造主要源于生产环节，而对其他环节关注较少。随着生产力的高度发展和信息交互的便利，用户与生产环节可以进行直接联系，这为共同价值创造提供了条件，同时也衍生出了大量的商业模式。Fernandes 和 Remelhe（2016）通过对共同创造的分析，认为价值创造包含服务和生产两个重要环节，其中生产出来的实物商品是用户感知的载体，而服务和共同创造才是产品持续得以销售的重要因素，只有服务质量高才能赢得消费者口碑，从而促使消费者继续消费甚至帮忙推销产品。在这一模式下，不仅需要保障产品的质量，同时需要提升服务，更重要的是需要鼓励用户也参与到产品的价值创造过程中。通过关注用户的反馈信息及时优化产品和调整销售策略从而实现产品的持续畅销是当前各主流商业模式的核心内容之一。在这个过程中，关键因素在于鼓励用户参与价值创造，包括信息反馈、产品推销等。Manral（2016）认为共同价值创造中客户所起到的作用是不可或缺的。Marjanovic 和 Murthy（2016）认为在发挥共同价值创造方面，不仅需要考虑公司和客户，还需要考虑整个产品链条中的各参与因素，需要尽可能地调动各参与因素进行共同价值创造。Ulaga（2018）认为共同价值创造不能仅关注商品和服务两个方面，还需要注重信息和知识的共同创造。

众包模式作为共同价值创造的一个重要方面，在价值创造过程中，不仅关注任务本身，还关注参与者的相关因素，包括参与者的协同创造、参与者的体验等。孟韬等（2014）认为众包模式下价值创造过程需要被重新定义，在这个过程中需要重点突出共同价值创造，而不同于传统的商业价值创造过程。众包模式是各种资源共同创造商业价值的过程。叶伟巍和朱凌（2012）认为众包模式通过互联网便捷地将各方资源整合在同一平台，为价值的共同创造提供条件，实现了高效便捷的价值创造过程，从而实现资源的优化配置和价值创造的最大化。

（4）众包实际应用的发展。众包概念自从被提出和接受后，众包模式由于其独特的优越性，在全球范围内得到了快速的推广和应用。目前，许多企业和个人采用众包的模式将自己的需要在众包平台上发布出去，从而寻求更佳的解决方案。例如，宝洁、戴尔等著名的跨国企业均采用了此种做法。目前，发展较好且活跃度较高的众包平台越来越多，如美国的 Innocentive 主要针对生物和医药等相关领域的众包，平台聚集了大量生物医药相关专家，也聚集了大量普通的生物医药消费者。通过该平台，企业不仅可以获得专家的解决方案，还可以了解用户的实际需求。美国的 Threadless 主要针对服装设计等相关领域的众包，该平台的活跃用户达到了 100 万，而且涉及的领域也越来越广泛。国内的众包网站有猪八戒网、一品威客网、时间财富网等，其

中猪八戒网规模最大。

1.1.2 研究意义

（1）现实意义。随着互联网信息交互能力的大幅提升和共同价值创造的发展和崛起，众包模式应运而生。马瑀擎（2010）认为决定当前技术背景下企业可持续发展的因素主要包括创新、互联网和全球化三个方面。在众包的商业模式中，所有阶层都可以参与到价值创造过程中，对社会的分工和生产力的促进影响重大。因此，深入分析众包现象的各类特征并揭示众包模式背后的运行机制具有十分重要的现实意义。

通过众包模式，企业可以利用互联网平台低成本地扩大创新创意的来源，实现了社会资源的优化配置。对于适合进行众包的任务，任务发布者、众包平台和众包接包者都能够从中获取利益，从而实现多赢。但由于众包过程具有特殊性，即都是一种短期的关系契约模式，现实的众包交易过程涉及众多不确定因素，尤其是信任问题，使众包过程伴随着各种风险。因此，随着众包模式的广泛使用，各类问题也日益凸显出来。例如，接包者会存在虚假投标，甚至恶意投标行为，发包者会存在欺诈评标行为等，这些都有可能导致参与者中的一方或者多方利益受到损害。为了更好地保障和促进众包这类短期契约关系模式的正常交易，实现众包参与者的利益最大化，需要对众包交易过程中的各种不确定因素进行归纳和分析，找出影响成交的主要因素以及这些因素的主要影响机制，探究更为科学合理的任务分配和交易模式，从而更好地促进众包模式的发展。具体来说，本书围绕众包展开的研究具有以下三点现实意义：

其一，众包模式能够有效地激发和调动大众阶层的创造力和创新力，研究众包交易的主要影响因素，对探究如何更有效地调动大众阶层创造力和创新力具有重要意义。

其二，分析和梳理众包交易过程中发包者、众包平台和接包者之间的竞合互动关系，对于优化交易过程、提高接包者中标率、提高平台成交绩效、提升发包者征集方案质量、降低成交过程中的各类风险、维持众包平台持续良好发展具有重要意义。

其三，探究适应众包交易模式下的众包任务智能分配方法，有助于提升众包平台的资源匹配能力、优化众包交易过程、提高众包成交绩效、提高众包参与者的满意度，从而更好地促进众包模式的发展。

（2）理论意义。从刘锋 2005 年提出“威客”模式的概念算起，从理论层面对众包进行研究的时间还不到 20 年。目前，关于众包的研究：理论方面主要针对众包概念的细化、众包模式的归类、众包模式优化、众包风险分析等；实证方面主要针对发包者动机和行为、接包者参与动机和行为、众包平台任务分配机制、众包平台利益分配模式、众包交易模式等。实证分析的主体主要是发包者、众包平台和接包者三者之一或者两者之间的关系，研究结果因实证调研情况差异而不尽相同。对于本书，选取众包进行研究的理论意义主要有以下三个方面：

其一，以众包任务作为单元，围绕任务发布的发包者、任务分配的众包平台和任务执行的接包者进行系统分析，是对以往只针对其中某一个环节的参与者或者两者进行研究的重要补充，可以更系统地反映众包交易过程。

其二，围绕众包成交过程和成交绩效，实证归纳影响众包成交绩效的主要因素，并实证探究这些因素对众包成交绩效的影响效应和影响路径，深入了解各因素对众包成交绩效的影响机制，是对已有关于众包的实证研究补充。

其三，结合主要因素对众包成交绩效影响的分析，探索提高众包平台任务成交绩效的任务智能分配方法，有利于从理论上指导众包平台的优化调整。

1.2 国内外研究现状

从最初众包现象兴起和众包概念被提出以后，经过不到20年的发展和推广，目前众包已成为人们广泛接受的在线任务派发和在线任务执行的重要模式。由于众包模式区别于传统模式，使众包模式在推广过程中出现了各种问题，包括交易效率、交易风险等。为了探究各类问题出现的本质，一些学者围绕众包展开了大量研究，主要包括关于众包平台任务特点的研究、众包平台任务分配方法的研究、众包平台在众包任务质量确保方面的做法、众包交易过程中的信任问题和众包任务可信度的研究等其他相关研究。

1.2.1 众包平台任务研究

Ipeirotis（2010）对AMT众包平台的众包任务进行了归纳和整理，发现众包任务以小任务为主，任务执行时间一般在半个月以内。AMT众包平台始于2005年，依托于亚马逊，是目前美国发展较为成功的众包平台之一，每天有大量与物流相关的众包任务在上面发布，而且随着规模的扩大，越来越多的制造业企业也选择在该平台上发布任务和征集产品设计、研发、销售方案。Ipeirotis和Gabrilovich（2014）运用2009年3月至2010年12月的数据对AMT众包平台进行了实证分析，发现众包任务在金额数方面存在明显的长尾现象，金额数前1%的任务累计金额占所有任务金额总数的50%以上，金额数前0.1%的任务累计金额占总金额的30%；接包者收入方面也存在一定的长尾现象，收入前10%的累计收入占所有接包者总收入的70%。众包任务的完成速度要快于众包任务的发布速度，这也是众包平台能够保持持续稳定发展的重要前提，如果发布的众包任务多于完成的众包任务，则会导致平台上众包任务越积越多，从而影响发包体验，使发包数逐渐减少。Cheung 等（2017）对 AMT 众包平台任务完成的时间特征进行了实证分析，发现 90%以上的任务是在 1~7 天完成的，当任务发布超过 7 天还未完成时，通常会出现两种情况：一种是被发包者重新再发布一次，以获取在任务列表中较为靠前的排名；另一种则多以失败而结束任务。Jing 等（2017）运用 Cobham 模型对 AMT 众包平台众包任务完成时间的分布情况进行了实证分析，发现众包任务的完成时间服从分布，并且运用收集的数据估算了具体的参数，即 AMT 众包平台众包任务的完成时间服从指数为 1.48 的幂律分布。Peer 等（2017）对 AMT 众包平台的任务排序机制进行了分析，在默认情况下，AMT 按照任务发布的先后顺序进行排序，但是提供各种排序搜索方式，如金额大小、完成时间等，实证结果显示，排序越靠前的任务越容易成交，而在默认排序和主要搜索排序中均较为靠后的任务则很有可能因为得不到足够的关注而无法成交。因此，众包平台的任务分配机制也会对众包任务的成交产生明显影响，如果能够进行智能分配，则可以在一定程度上提高任务的成交率。施战等（2017）以猪八戒网众包平台为研究对象，归纳了众包任务的类别特征、完成时间特征和任务金额特征，发现：在类别方面，众包任务主要集中在方案征集、图片处理、创意设计、文案写作、软件外包等方面；在完成时间方面，存在长尾现象，多以短期完成的任务为主；在金额方面，以 1000 元以内的任务为主，占总任务数量的 70%以上。张亭亭等（2018）实证分析了众包任务各属性对接包者的吸引效果，包括众包任务的题目类别、任务金额、任务完成的时间要求、任务描述的详细程度和任务发布的时间点等，发现任务题目、任务金额和任务发布的时间点对接包者吸引力的影响较大。这也符合一般搜索的规律，接包者在选择众包任务时会权衡任务的性价比和任务的类别。任务金额越大的项目相对来说性价比越高。任务题目是任务列表中展示的主要信息，是接包者判别任务类别和任务难易程度的关键。接包者每天的活跃情况具有明显的时间特征，选择在接包者活跃程度高的时间节点进行任务发布显然能够吸引更多的关注，避免在任务发布高峰期进行任务发布可以避免其他任务的竞争影响。

总体来说，围绕众包平台任务的研究主要集中在众包任务的属性上，包括众包任务的类别特征、众包任务的金额特征、众包任务的完成时间特征、众包平台的排序和搜索机制、众包任务对接包者的吸引力等。这些研究从侧面反映出众包任务各具特点，需要匹配合适的接包者，但目前众包平台的分配机制相对简单，因此亟须对众包平台的分配机制进行完善。

1.2.2 众包平台任务分配

随着众包平台规模的日益扩大，简单的任务分类和排序机制已经不能够满足众包平台任务分配的要求，众包任务分配成为了影响众包平台持续发展的重要因素。目前，关注众包平台任务分配的研究较多，也有不少研究尝试提出自动分配方式，但较为成熟的自动分配方案仍十分欠缺。

目前，大多数的众包交易主要经历以下过程：需求者将自己的需求以众包的形式发布在众包平台上，众包平台按照一定的排序机制将众包任务分类别进行展示，接包者浏览众包平台的任务列表，选择自己认为合适的任务进行投标和执行。在整个过程中，众包平台起着非常重要的中介作用。在现有的分配机制下，众包平台并不了解任务发布者的需求和任务接包者的能力，而是通过简单的排序机制帮助接包者寻找合适的任务。对于接包者来说，这样无疑会耗费大量挑选任务的时间，而且还会出现同一任务被多个接包者同时执行的问题，导致大量的人力资源浪费。对于发包者，无疑会影响任务获取解决方案的效率和质量，而且还会由于无效和低质量方案的存在耗费发包者的评选包时间。

随着众包平台规模的日益扩大，积累的用户数据越来越多，这为众包平台掌握用户特性提供了基础。当前众包平台任务分配方式无法得到有效改善的根本原因在于众包平台对用户特性不了解。一是不了解接包者的能力和偏好，只能将所有同类别的任务都展示给所有接包者，然后由接包者自己进行任务挑选，而不能根据接包者的特点进行有针对性的推荐；二是不了解发包者的需求，任务发布过程和任务类别选择都由发包者凭经验完成，任务接收到的方案不加处理全部呈现给发包者，导致大量无效和低质量的接包方案出现。由于种种问题的凸显以及智能算法的发展，众包平台任务的智能分配得到了大量学者的关注，学者们提出了一些有效的智能分配算法和方案，下面对这些研究成果进行简单归纳。

（1）多重任务分配算法。Ho 和 Vaughan（2012）针对众包平台任务的在线自动分配进行了研究，提出了 DTA 智能分配算法，并对 AMT 众包平台抓取的数据进行了算法验证。对于 AMT 众包平台，众包任务的在线分配过程可以描述为：需求方有一组任务，包含 n 个不同的任务，每个任务 i 都有一个期待值 b_i，这是需求方希望任务 i 完成的最大次数。在某个时间点，一个接包者从容量为 k 的接包者池中到达任务池，进行任务选择，需求方必须向接包者分配一个任务。每个接包者 j 对于任务 i 都具有一个未知的技能等级 $u_{i,j} \in [0, 1]$，表示每次接包者完成任务时可累计的得分。一旦每个任务 i 被分配了至少 b_i 次，需求方就不再继续将任务分配给接包者。

DTA 算法通过对众包分配过程的描述，将各环节进行公式化处理，具体公式化描述如表 1-1 所示。

在表 1-1 中，m 表示接包者到达的总次数，$m = \sum_{i=1}^{n} b_i$；t 表示接包者到达的时间点；当任务 i 分配给 t 时间到达的接包者时，$y_{i,t}$ 取值为 1，否则为 0；

表 1-1 AMT 众包平台任务在线自动分配过程公式化描述

Primal	Dual
max $\sum_{t=1}^{m}\sum_{i=1}^{n} u_{i,j(t)}\ y_{i,t}$ s. t. $\sum_{i=1}^{n} y_{i,t} \leqslant 1,\ \forall t$ $\sum_{i=1}^{m} y_{i,t} \leqslant b_i,\ \forall i$	min $\sum_{i=1}^{n} b_i x_i + \sum_{t=1}^{m} z_i$ s. t. $x_i + z_t \geqslant u_{i,j(t)},\ \forall\ (i,\ t)$ $x_i,\ z_t \geqslant 0,\ \forall\ (i,\ t)$

x 为任务基线权重，即完成任务 i 所需的最低技能等级；z_t 是惩罚参数，$z_t = \max_i \{u_{i,j(t)} - x_i\}$。从上面的线性规划公式中可以看出，DTA 算法的目的是让需求方将任务分配给合适的接包者，从而获得最大的效用。

DTA 算法的自动分配过程包括研究和分配两个阶段：

研究阶段。也被称为抽样阶段，是给第一批到达的 n 个接包者分配 n 个不同的任务。当采样阶段结束时，就得到了每个任务接包者的技能水平估计。根据这些估计，可以计算每个任务的基线权重值。

分配阶段。是根据研究阶段获得的估计结果，继续将每项任务分配给最适当的接包者，以最大限度地降低因分配而造成的相关损失。

在实际情况中，可以将众包平台的接包者归纳为两种类型：诚实的接包者和不诚实的接包者。不诚实的接包者通常会在短时间内给出一个貌似合理的解决方案，以最大化自己的利益。在 DTA 算法中，并没有考虑到这一问题带来的负面影响。不诚实的接包者会导致低质量的任务方案存在。由于接包者是随机到达的，不能保证拥有高技能水平的接包者频繁到达。有时，低技能水平的接包者被分配到他们无法完成的任务，导致低质量的任务方案。因此，每个时间点 DTA 只给接包者分配一个任务，可能会导致拥有高技能水平接包者的浪费。

（2）原始逼近算法。众包被广泛用作一种从不同人群中廉价收集数据的方式。任务分类是众包平台进行任务分配需要完成的关键一环，但由于人为失误和欺骗的存在，收集到的数据往往是嘈杂的。一个典型的解决方案是从多个选择器的相同实例中收集标记，然后将收集到的标记组合起来，但是如何选择要分配给接包者的任务常常被忽略。Ho 等（2013）研究了分类任务的分配问题，提出了原始逼近算法，改进了估计接包者技能水平的算法。与消息传递算法相比，该算法最终得到的分配结果更为合理，分配效率也更高。在接包者技能水平评估方面，该方法引入了黄金标准任务评估算法。具体过程为：拥有黄金标准的一组任务实例的每个任务类型已知，纯粹地研究接包者执行各种任务类型的黄金实例，并根据工作结果估计接包者的技能水平，从而形成一套评估标准。在分配任务时，根据接包者完成的黄金实例来估计技能水平，然后根据估计值执行相关的任务分配。从而可以对接包者的技能等级进行较为真实的评估，使评估结果更逼近真实值。

（3）其他任务分配算法。Devanur 和 Hayes 提出了一种基于学习权的在线广告关键词匹配算法。该算法包含训练和分配两个阶段。通过培训阶段的关键词分配，学习投标人的权重值。在分配阶段，根据招标人的权重估值计算关键字，达到收入总额最大化的目标。

Tran-Thanh 等（2013）提出了在有限条件下基于工作量与需求方预算的优先任务分配算法。该算法首先使用总预算的 n 倍进行分配，得到接包者的质量特征估计值，然后根据这些估计结果分配剩余的预算，使需求方的利益最大化。

Web 应用程序测试过程通常是劳动密集型的，需要测试人员、开发人员甚至用户之间的大量协作才能够较好地完成任务。在众包环境中进行 Web 应用程序测试是一个非常有趣和具有挑战性的课题。Tung 和 Tseng（2013）将协同测试问题转化为线性规划问题，提出了四种启发式策略指导测试任务分配。实验结果表明，启发式策略 2 和启发式策略 4 具有相似的执行效果，优

于启发式策略1和启发式策略3，建议在分配任务时使用前两种策略。

Boutsis和Kalogeraki研究了众包情境中的任务分配问题，提出了实时约束下的任务分配算法。该算法可以抽象为一个授权二分图匹配过程，执行一对一分配，并根据任务信息估计接包者能否按时完成任务。实际数据验证结果显示，该算法可以有效将任务分配给合适的接包者，并降低负反馈和不能按时完成的任务占比，提高众包平台任务完成的整体质量。

Weinberg等（2014）通过研究信息传播算法的特点，提出了一种新的消息传播算法。在任务分配之前，将任务和接包者分别作为二分图的顶点，并将两个顶点连接起来形成一个随机规则图，使获得低质量任务结果的概率近似为最低。该算法基于实值任务信息和接包者信息，任务信息表示接包者执行任务得到正确结果的概率值，接包者的信息表示该接包者的可靠性，从而达到以最小的成本获得高质量任务结果的目标。

Gong等（2017）研究了众包任务接收方案的质量问题，提出了一种提高众包环境下工作质量的新框架。该框架包括四个部分，分别是任务管理、接包者管理、任务分配和质量评估。任务管理和接包者管理部分分析了需求方任务特征和注册接包者的信息；任务分配部分采用动态规划和贪婪算法，根据接包者的特点，将适当的任务分配给接包者，以提高工作质量；质量评估部分提供累计投票系统，对众包结果进行评估，并选择最优的质量结果反馈给发包者。

刘秀秀和李劲华（2017）提出了一种基于可信度的众包任务分配方法。通过构建任务分配模型，得到基于时间窗的工人可信度证据序列的可信度，并利用可信度得到可用的和未分配的任务，然后进行动态匹配，为所有任务匹配合适的接包者，从而达到在合理的时间内完成高质量众包任务的目的。

1.2.3 众包质量确保技术

众包模式可以作为任务需求者寻找相对廉价和大规模劳动力的一种便捷方式。但由于发包者与接包者关系松散且持续时间较短，接包者技术的多样性和匿名参与往往会导致接收到的解决方案的质量低于传统的工作方式。因此，为了提高众包任务最终能接收到的解决方案质量，众包平台需要建立一套完备的质量管理体系，但是质量保证技术如果设计不当，会显著增加项目完成的成本和时间。众包参与者需要一种评估不同质量的方法，以确保技术对总成本和质量水平的影响，制定精确的计划，选择更合适的质量保证机制，优化资源配置。

Iren 和 Bilgen（2014）提出了一种不使用质量确保技术计算质量成本值的模型，并对不同质量保证技术对总成本和质量水平的影响进行了估计。质量成本是指所有与质量有关行为的总成本，是一致性的成本和不一致性的成本之和。一致性的成本是指避免低质量行为的成本，这是由低质量造成的。不一致性的成本会导致声誉的损失，这是非常危险的。在增加一致性成本的同时，使用附加质量来确保技术所导致的不一致性成本的降低，为了优化质量成本，有必要分析一致性成本和不一致性成本。

一致性成本依赖于质量以确保流程设计规范，但不包括直接成本。直接成本是指不加入质量保证方法的所有高质量任务的总工作成本。通过质量保证技术发现的缺陷被定义为内部缺陷，未发现并进入最终产品阶段的缺陷被定义为外部缺陷，不符合成本等于内部缺陷成本和外部缺陷成本之和。下面对常用的三种质量保证技术进行归纳。

（1）冗余质量保证技术。Shirahama 和 Grzegorzek（2016）将冗余质量保证技术应用在众包平台任务质量管理的研究中。冗余质量保证技术首先将任务分解为多个不同的微任务，将同一微任务的多个实例分配给不同的接包者，然后聚合结果以创建最终的任务完成方案。聚合过程包括从相同的微任务实例结果中选择最佳质量识别结果，并将所有选择的结果组合到最终产品中。选择过程可以自动或手动完成。自动聚合可用于结果集有限的目标任务中，最频繁出现的提交被认为是最佳的。冗余质量保证了技术的质量成本主要是由重复性工作和结果聚合造成的。

（2）控制组质量保证技术。Xie 等（2016）将控制组质量保证技术应用于众包平台任务质量管理研究中。控制组质量保证技术将任务分解为多个不同的微任务并分配给不同的接包者。接包者提交微任务的解决方案后，将任务结果重新打包到一个新的微任务中，并选择多个接包者或者领域专家对结果进行投票，以确定结果是否满足需求方的要求。如果结果为负，则将相应的初始微任务重新分配给其他接包者。控制组质量保证了技术的质量成本主要是由控制任务引起的。

（3）黄金标准质量保证技术。Daniel 等（2018）将黄金标准质量保证技术应用于众包平台任务质量管理研究中。黄金标准质量保证技术分为同步和异步。需要提前将金本位情况引入金本位池中，池中正确和错误的情况各占一半。异步金标准是指接收方在评估日常任务结果的过程中随机插入金标准用例。根据接收方对金本位情况评估的正确性，选择是否采用常规任务结果。同步金标准将金标准用例与常规任务结果预先混合，并将它们发送给接包者进行评估。金本位制的质量保证了技术的质量成本主要是由植入和完成金本位制的任务引起的。

1.2.4 众包可信度研究

众包模式为充分利用人类智慧提供了一个便捷的互联网平台。随着众包规模的扩大和发展，大量信任问题日益突出。接包者可归纳为诚实和不诚实两大类。不诚实的接包者包括歪曲的接包者和排名助推者。歪曲的接包者指的是：一些接包者在短时间内给出了貌似合理的解决方案，以最大化自己的利益。这些接包者没有认真地工作，导致提交的方案质量低下。排名助推者则更为常见，即通过参与简单任务或完成自己的虚假任务来提高自己的整体信任度，这些接包者的存在严重影响了任务结果的质量。

概括来说，以下三个方面的原因导致了众包信任评估具有复杂性：

一是任务的接包者不确定。同一个任务可能会被成千上万的接包者参与，而任务发布者评估所有接包者的可信度是不现实的。

二是任务执行过程中的交互作用较弱。在众包过程中，任务发布者和接包者之间存在相当弱的交互，或者没有关于交互的相关信息。因此，估算社会关系的方法并不适用于众包。

三是参与任务的多样性。当接包者参与不同的任务类型和面对不同的奖励时，他们的表现是不同的。

目前，使用历史参与任务的记录来评估受托人的信任水平是众包平台普遍采用的方式。AMT众包平台使用参与任务的总体支持率来选择接包者。总体支持率是所有提交的答案中被接受的答案占比。虽然总体支持率直观地反映了接包者的可信度，但当接包人拥有相同的总体支持率时，它不能确定接包者的优先级。在基于总体支持率的信任评估系统中，很容易出现歪曲工作和排名助推问题。因此，需要对现有的信任评估方法做进一步的优化和完善。

Bin Ye等的研究发现，不同的任务类型和不同的任务报酬对接包者的可信度有不同的影响。针对不同的分类方法，他们提出了基于任务类型和任务补偿的分类方法。在分类方法的基础上，提出了一种信任评价模型。该模型包含基于任务类型信任和报酬总和信任两种类型的上下文感知信任。

（1）基于任务类型信任评估。根据众包平台上任务完成的特征，可以将该过程划分为输入、处理和输出三个环节。其中，输入环节包括图形化、符

号化、语义化、音频和视频五种类型；处理环节包括认知、记忆、发散生产、收敛生产和评价五种类型；输出环节包括单位、级别、关系、系统、转换和含义六种类型。

在上述三维环节中，每个节点都可以用一个立方体呈现，每个立方体都代表了接包者所需要的一种技能，具有相同技能需求的众包任务可以划分为相同的立方体。在三维空间中，每个参与者的历史参与任务记录存储在相应的立方体中。在每个信任数据集中，历史参与任务的总体支持率 hr 可用 hr=ha/hs 计算，其中：ha 表示历史参与任务的通过次数；hs 表示历史参与任务的提交总数。

对于一名历史记录存储于 TC1、TC2、TC3、TC4 中的接包者，当其申请新任务时，存储于不同立方体中的历史记录会对其可信任度产生不同程度的影响，具体影响程度以符号 inf 进行标记。inf 值在 0~1 变化，inf 取值为 0 表示对应立方体的历史记录不会对接包者的可信度产生影响，inf 取值为 1 表示影响最大。基于任务类型的信任可由式（1-1）计算得到。

$$\text{TaTrust} = \sum_{k=0}^{3}\left(\frac{\sum_{i=1}^{n}\sqrt[(4-k)]{ha_{ki}}\,inf_{ki}}{\sum_{i=1}^{n}hs_{ki}}\right) \tag{1-1}$$

式中，n 表示接包者历史记录所占信任立方体的总数量；k 表示两个信任立方体之间相同坐标的数量。

各立方体的 inf 值取决于三个特性。首先，历史参与任务属于信任数据集的边缘，对一个真正的众包平台的影响应该减小。其次，两个信任数据集之间的影响因子 inf 由 k 决定。最后，不同信任数据集中答案数量的差异可能会影响 inf 的值，即支持率相同的两个人，历史完成任务越完整，可信度越高。计算如下：

$$inf_{ki} = \frac{1}{1+\exp\left(-g_i\left(ha,\ ha_{ki},\ k\right)\right)} \tag{1-2}$$

式中，g_i（ha，ha_{ki}，k）为 inf 的自变量，是 k 和 ha 的单调递增函数。独立变量 g_i（ha，ha_{ki}，k）计算如下：

$$g_i(ha, ha_{ki}, k) = \begin{cases} \dfrac{\sqrt[(4-k)]{ha_{ki}} - ha}{\min(ha, \sqrt[(4-k)]{ha_{ki}})} & ha \neq 0 \\ \sqrt[(4-k)]{ha_{ki}} & ha = 0 \end{cases} \tag{1-3}$$

（2）基于报酬总和信任估计。接包者的可信度往往也受到历史参与任务难度的影响，而报酬的总和可以间接反映历史参与任务的难度。在众包平台中，如果一个接包者在一定的报酬总额内表现良好，那么他就可以胜任类似报酬总和的众包任务。但是，当新的众包任务的报酬之和高于或低于接包者经常参与的任务报酬总和时，接包者完成任务的能力发生变化的可能性较大。

r′表示新发布众包任务的报酬，将报酬处于 ar′与 br′之间的众包任务划分为 a 类。通过对 AMT 总薪酬数据的调查，得出 AMT 的最高薪酬和最低薪酬之和约为 1000。众包任务采用薪酬总和比 p 进行分类，p 的范围设定指数为 10，p 计算如下：

$$p = \begin{cases} 1, \text{ if } 0 < \dfrac{\max(r', r_i)}{\min(r', r_i)} < 1 \\ 2, \text{ if } 1 < \dfrac{\max(r', r_i)}{\min(r', r_i)} < 10 \\ 3, \text{ if } 10^1 < \dfrac{\max(r', r_i)}{\min(r', r_i)} < 10^2 \\ \cdots\cdots \\ (h-1), \text{ if } 10^{(h-2)} < \dfrac{\max(r', r_i)}{\min(r', r_i)} < 10^h \end{cases} \tag{1-4}$$

式中，r_i 表示历史完成任务 i 所记录的报酬总和，对应的信任度计算

如下：

$$RaTrust=\sum_{p=1}^{h}\left(\sum_{i=1}^{n}\frac{\sqrt[p]{ha_{pi}}L_{pi}}{hs_{pi}}\right) \tag{1-5}$$

从式（1-5）可以看出，与 p 值较高的参与者相比，p 值较低的众包任务参与者对基于报酬总和信任的影响更大。L_{pi} 的计算公式如下：

$$L_{pi}=\frac{1}{1+\exp\{-[z_i(ha,\ ha_{pi},\ p)]\}} \tag{1-6}$$

式中，$z_i(ha,\ ha_{pi},\ p)$ 为 L_{pi} 的自变量，计算如下：

$$z_i(ha,\ ha_{pi},\ p)=\begin{cases}\dfrac{\sqrt[p]{ha_{pi}}-ha}{\min(ha,\ \sqrt[p]{ha_{pi}})} & ha\neq 0\\ \sqrt[p]{ha_{pi}} & ha=0\end{cases} \tag{1-7}$$

（3）多目标评估算法。采用多目标评估算法解决众包环境下的接包者选择问题的过程如下：

步骤1：生成一个初始的分组组合，即规模为 N 的 PW，分组组合中应包含所有候选分组。

步骤2：结合 WC 计算每个接包者的适应度 fit 和密度估计指标 d。

通过比较所有 N 个包组合的信任值，可以识别出属于第一个非受控层的所有包组合。然后，在去除第一个非主导水平受体组合后，可以用类似的方法识别第二个非主导水平受体组合。通过重复这种方法，所有的包装机组合被分解至相应的非优势级中。非主导水平是接包者组合的拟合值，即 1 代表第一个非主导水平。通过计算密度估计度量，即现有的每一个接包者组合与最近的接包者组合之间的距离，确定同级用户的优先级，具体计算如下：

$$d=\frac{|TaTrust^{+}-TaTrust^{-}|+|RaTrust^{+}-RaTrust^{-}|}{TaTrust^{max}-TaTrust^{min}+RaTrust^{max}-RaTrust^{min}} \tag{1-8}$$

步骤3：采用二进制锦标赛策略从WC中选择一组大小为N/2的接包者集SW，并进行交叉和变异操作生成子代组QW。

步骤4：使用精英机制从$PW^i \cup QW^i$中选择一个大小为N的接包者组合集，并将其存储在$QW^{(i+1)}$中，然后采用相同策略来交叉和变异，从而生成子代。

步骤5：检查是否满足结束条件。当迭代次数达到预设最大值或连续迭代10次后，不再出现新的优势解时，算法结束。否则回到步骤2。

实验结果表明，当诚实接受者和不诚实接受者的总体支持率较高时，信任评价模型能够有效地对两者进行区分。

Kittur和Kraut（2008）对众包平台的参与者进行了调研，考察众包平台在收集接包者信息方面的能力，探讨接包者可行度评估问题的设计。实验结果表明，设置确认题可以提高问题答案的质量，但没有提出准确的确定问题难度和频率的方法。

Chen等（2010）提出了一种一致性检测方法来防止欺诈的发生。通过实验发现，该方法成本较低，可以充分利用人员的特殊性，为判断舞弊提供评分，实验过程无负担。但是，这种方法只适用于处理二元选项问题。

Doan等（2011）发现众包可以解决各种实际问题，增加许多有趣的技术和社会挑战。他们详细阐述了如何对接包者进行可信度评估以及工作结果评价，即通过限制接包者或手动监控接包者的任务来减少舞弊的发生。研究发现，信任管理系统能够有效地防止不可信行为的发生。然而，它的缺点是没有明确的标准来识别不可信的行为。

Yu和Nickerson（2011）从社会福利最大化的角度对现有的声誉系统、认知层次模型和持续信任模型三种信任管理模型进行拓展，以适应众包环境。通过实验发现，将信任管理模型加入到众包信任管理中，能够显著减少欺诈行为的发生，任务解决方案的质量显著提高。然而，他们忽略了受托人的信任水平随着任务的不同而变化这一事实。在众包环境中，如果没有有效的社交互动信息，就没有明确的方法来计算基于信任价值的意识水平。

Hirth 等提出了两种基于人群的方法来识别欺诈者，并分析了该识别方法的成本及其在众包任务中的适用性。大部分的决策方法都适用于报酬较低的任务，而对照组的方法适用于报酬较高的任务，两种方法都能有效地检测到有欺诈行为的接包者。在提高任务质量和降低成本方面，使用奇数人比使用偶数人可以得到更好的效果。通过实验分析发现，基于群体的欺诈检测机制廉价、可靠、易于应用，有助于减少人工确认任务结果的时间和成本。

郝琳娜等（2014）分析了每个成员参与众包虚拟社区的动机，发现利益冲突会导致成员之间出现欺诈现象；在惩罚机制模型的基础上，利用长期利益大于短期利益的机制能增加道德风险因素。博弈论分别建立了信用担保机制和信用评估机制模型，以达到抑制单方或双方欺诈行为，保证良好交易环境的目的。此外，研究还比较了两种机制对众包虚拟社区成员利益的影响。

郭文波等（2016）构建了网络化众包交易过程模型，并对交易过程中出现的两种信任形式进行了区分和阐述，突出了众包平台中快速信任与知识信任的区别。在此基础上，针对不同类型的信任，探讨了相应的信任促进机制，并指出了众包平台中与信任研究相关的关键问题。

1.2.5 众包其他相关研究

Sfetsos（2010）对众包参与者战略行为的研究表明，个体特征与任务报酬的结合以及任务需求的数量是最终任务质量的重要预测因子。在竞争阶段，高水平的竞争对手面临着更加激烈的竞争。为了使竞争过程相对温和，高级别竞争者从比赛报名阶段提前入场，参加具体任务，这样会使所有参赛选手无法进入同一场比赛。同时，根据 TopCoder 的分析，声誉系统对竞争对手的分配有积极的影响。

Anderton 研究了增加个体和实施时间压力对人工测试任务效率的影响。实验结果表明，一组 5 个限时测试仪在 10 小时发现的软件缺陷总数比无时间测试仪在 9.9 小时发现的软件缺陷总数高出至少 71%，表明人工软件测试是一个上限的累积过程。有时间压力的个体比没有时间压力的个体提交更高的质量缺陷检测结果，说明时间压力对测试效率有正向影响。他还建议软件测试任务中使用的种群大小应该是重复的，种群的大小将由无效报告和重复处理机制的有效性决定。

Chen 等（2013）研究了影响软件质量的因素，通过数据的多元回归对软件众包平台 TopCoder. com 进行了实证分析，总结了影响软件质量的六个关键因素：平台的平均质量分数、同时期项目数量、组成文件的长度、注册研发者数量、提交项目的研发者最大排名和设计分数。

初翔和仲秋雁（2016）提出了一种适应于众包平台的基于时空维度的模糊化质量控制方法，明显增加了攻击者获取信息的不确定性，从而达到保护隐私的目的。他们通过理论分析和实验测试，证明了模糊化方法对发包者的质量控制能力没有明显的影响。

成静等（2018）针对移动应用众包测试质量复杂、测试质量难以评价的问题，提出了一种基于皮尔逊相关系数分析的质量影响因素分析方法。实验结果表明，与传统的评估方法相比，该方法在评估大量测试任务的质量时，能够保持较小的评估误差波动，能够准确地筛选出影响移动应用众包测试质量的关键因素。

综合来看，随着众包活动的广泛推广和应用，关于众包衍生出了一系列问题，尤其是众包质量整体偏低、众包过程人力资源浪费严重、众包交易过程中存在欺诈风险等。为了更好地促进众包模式的发展，发挥众包模式在提高社会效率、促进大众阶层参与创新和创造等方面的作用，大量学者围绕众包展开了相关研究。从已有研究成果来看，在设计众包信任评价机制、提高众包质量和构建众包任务智能分配模型方面仍存在很大的提升空间。基于此，本书从影响众包任务成交绩效的主要因素切入，探索众包任务成交过程中各因素的具体影响机制，并结合当前人工智能算法，尝试构建众包任务智能分配模型。

1.3 本书的整体框架

本书围绕众包任务成交绩效的主要影响因素和众包任务的智能分配方法展开了相关研究，整体研究框架如图 1-1 所示。①对相关研究领域和研究问题进行界定。②总结研究现状，为本书提供启示。③对研究问题的相关概念及理论基础进行总结和分析。④探索影响众包任务成交绩效的主要因素。⑤运用结构方程模型，分析各因素对众包任务成交绩效的具体影响机制。⑥确定影响众包任务分配的主要因素和对应的指标，并运用遗传神经网络混合算法探索构建众包任务智能分配模型。⑦在智能分配模型和灵敏度分析的基础上，分析众包平台运行机制的优化措施。⑧对本书的主要内容进行总结，说明不足之处，并对未来研究进行展望。

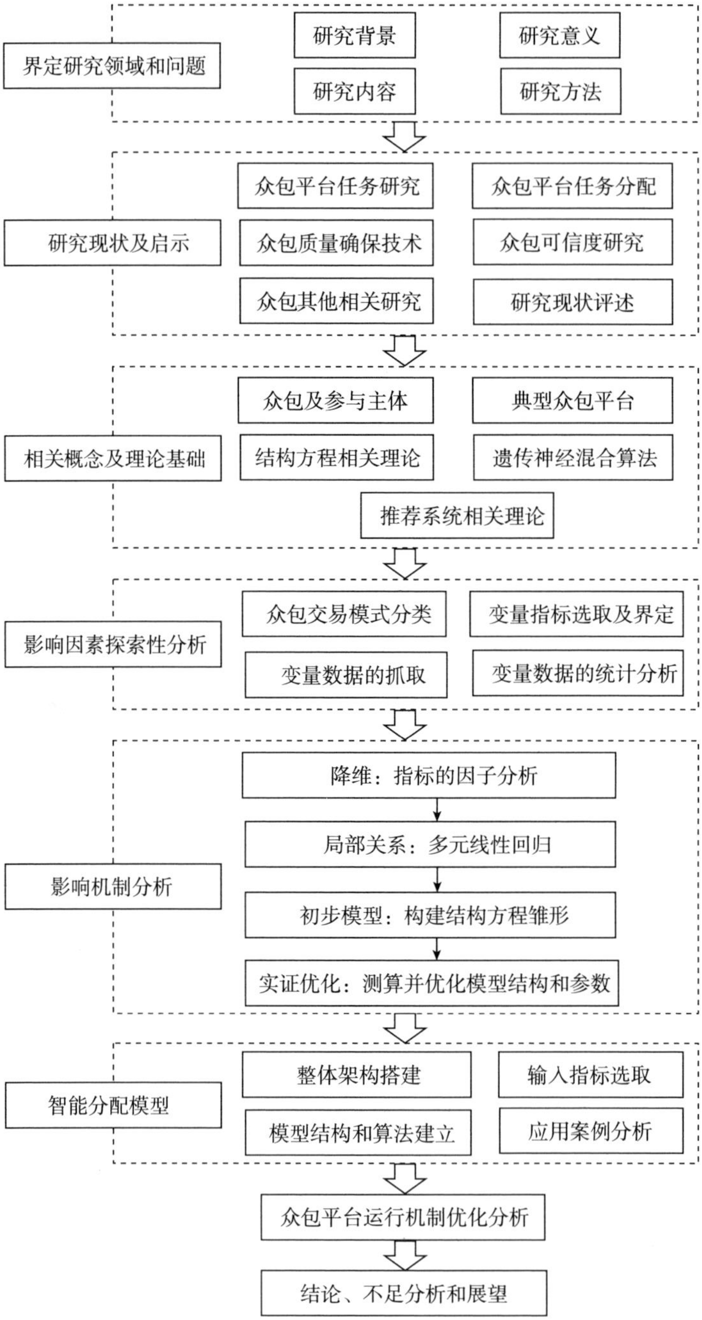

- 界定研究领域和问题
  - 研究背景
  - 研究意义
  - 研究内容
  - 研究方法
- 研究现状及启示
  - 众包平台任务研究
  - 众包平台任务分配
  - 众包质量确保技术
  - 众包可信度研究
  - 众包其他相关研究
  - 研究现状评述
- 相关概念及理论基础
  - 众包及参与主体
  - 典型众包平台
  - 结构方程相关理论
  - 遗传神经混合算法
  - 推荐系统相关理论
- 影响因素探索性分析
  - 众包交易模式分类
  - 变量指标选取及界定
  - 变量数据的抓取
  - 变量数据的统计分析
- 影响机制分析
  - 降维：指标的因子分析
  - 局部关系：多元线性回归
  - 初步模型：构建结构方程雏形
  - 实证优化：测算并优化模型结构和参数
- 智能分配模型
  - 整体架构搭建
  - 输入指标选取
  - 模型结构和算法建立
  - 应用案例分析
- 众包平台运行机制优化分析
- 结论、不足分析和展望

图 1-1　本书整体研究框架

1.4 研究内容与方法

1.4.1 研究内容

本书围绕众包任务成交绩效的主要影响因素和众包任务的智能分配方法展开了深入分析，具体研究内容如下：

第1章，对研究背景进行阐述，从现实应用和理论应用两个方面对研究意义进行阐述。对众包平台任务、众包平台任务分配、众包质量确保技术、众包可信度和与众包相关的其他研究成果进行综述，总结当前的研究成果和研究中存在的一些不足，为本书的研究提供启示。

第2章，对本书涉及的相关概念和基础理论进行综述。概述众包的定义、众包的质量问题；从接包者、发包者和众包平台方分析众包的参与主体；介绍众包交易平台；从概念、假设条件、技术特性和实施步骤出发阐释众包平台任务成交绩效影响因素研究所用的结构方程模型；对神经网络算法和遗传算法进行说明；分析遗传神经网络混合算法的具体实现；对推荐系统的相关理论进行总结。

第3章，对当前众包平台中众包任务的主要交易模式进行归类；以单个任务为样本单元，尝试对众包任务的各因素进行量化，确定对应的量化指标；依据自变量、因变量和调节变量对各变量指标进行操作性界定；借助八爪鱼采集器对一品威客网2017年所有结束任务的相应指标进行了抓取，并对抓取的数据进行归纳整理和初步的统计分析。

第4章，构建各因素对众包成交绩效影响的结构方程，并运用抓取的数据和量化的指标对结构方程进行实证分析，探索各因素对众包成交绩效的具体影响路径和影响机制。

第 5 章，在结构方程分析的基础上，结合主要影响因素和影响路径，运用遗传神经网络混合算法构建众包任务智能分配模型，并结合一品威客网的数据介绍该分配模型的具体操作步骤。

第 6 章，结合第 5 章提出的众包任务智能分配模型进行灵敏度分析，并针对众包平台的现有运行机制提出优化建议。

第 7 章，对本书的主要内容进行总结，对本书的局限和不足加以说明，并提出后续研究建议。

1.4.2 研究方法

针对当前众包模式中存在的众包质量整体偏低、众包过程中存在严重的人力资源浪费、众包交易过程中存在的欺诈风险等问题，本书主要采用了以下方法进行研究：

（1）文献归纳与理论推演方法。通过查找相关图书资料和网络资源等，获得有关众包的文献资料。在此基础上对众包平台任务、众包平台任务分配、众包质量确保技术、众包可信度和与众包有关的其他研究文献进行归纳和分析，对已经取得的相关研究成果进行分析评述。另外，对众包、众包参与主体和众包平台发展现状进行总结。

（2）数据挖掘。运用网页聚焦爬虫的方式直接从众包网站上抓取研究数据，再通过统计分析、结构方程分析、遗传神经网络模型分析等对抓取的数据进行深入挖掘，探索影响众包任务成交绩效的主要因素和众包任务的智能分配方法。采用该分析方法，不仅可以获取大量数据，而且数据的客观性较强。

（3）结构方程分析。结构方程主要用于解决社会科学研究中的多变量问题，用来处理复杂的多变量研究数据的探究与分析。通过结构方程分析，可以深入挖掘各因素对众包成交绩效的具体影响机制，为进一步探索众包任务智能分配方法和优化众包平台运行提供基础。

（4）遗传神经网络混合算法。人工智能算法在智能分配方面具有独特的优势，可以模拟自然界的现象解决现实生活中的系列问题。对于众包任务的分配，由于涉及的因素众多，而且各因素对分配的影响关系错综复杂，传统的分配方式存在较大的局限，遗传神经网络混合算法为解决这类问题提供了良好的思路。

1.5 本章小结

本章首先从信息时代网络交互的崛起、大众（草根）阶层的崛起、共同创造价值的崛起和众包实际应用的发展四个方面对本书的研究背景进行了阐述。然后从现实应用和理论应用两个方面对本书的研究意义进行了阐述。其次，从众包平台任务、众包平台任务分配、众包质量确保技术、众包可信度和与众包相关的其他研究出发对已有研究成果进行综述。从已有研究成果来看，在设计众包信任评价机制、提高众包质量和构建众包任务智能分配模型方面仍存在较大的提升空间。最后，对本书的主要研究内容和研究方法进行了说明。

第 2 章　相关概念和基础理论综述

2.1　众包

2.1.1　众包的定义

Jeff Howe 对众包现象进行了归纳并给出了具体定义：公司（个人）通过互联网平台将以往由员工完成的任务外包给非特定对象去完成的过程。起初众包任务多由个人完成，较少涉及协同的问题，即使是需要多人完成的任务，也一般分成多个小任务后再进行分配。

作为一种新的商业模式，雇主通过众包平台将任务分配出去，以征集创意和解决方案。通过众包平台的控制，雇主可以利用众包参与者的创造力和创新力。这些众包参与者拥有完成任务的技能，愿意在业余时间工作，用自己的服务获得少量报酬，或者仅仅满足于未来获得更多报酬的前景。对于许多行业来说，这提供了一种新的组织劳动力的方法。

众包采用的是分布式解决问题的方式。所有任务借助众包平台通过公开

招标的方式传播到未知的解决方案提供者社区。接包者可以自由地组成一个在线社区，并利用空闲时间提交解决方案。这些最好的解决方案最终归提出问题的一方所有，赢得任务的个人将得到很好的报酬。这些报酬可能是财务上的，也可能是声誉上的。

实际上，众包是源于对企业创新模式的反思。产品创新的传统方法是先调查市场的制造商，然后基于调查结果找出对消费品的需求，最后根据需求设计新产品，但这一创新的投资回报率通常很低。如今，随着互联网的普及，消费者的创新热情和创新能力变得越来越强大，商业价值也越来越大。以“用户创造内容”为代表的创新民主化正成为一种趋势。

概括来看，众包为社会生产模式带来的深远影响主要表现在以下七个方面：

（1）更好地发挥人力资源。互联网是一个开放的平台，只要有能力完成相关的任务，无论身处何方，都可以成为一名众包任务的接包者。众包突破了固定的工作场所和工作时间的限制，只对完成工作任务的具体截止日期进行了要求，这样人们就可以利用部分闲暇时间来完成任务。

（2）节约成本。众包是通过互联网在众包平台发布任务，使得企业、个人等任务发布者不需要专门地招聘人员，也不需要设置专门的办公空间，从而节省任务的完成成本。

（3）创造一种新的创业方式。参与者可以依靠集体力量共同创建众包项目，利用互联网实现任务分解、整合完成、上市交易、收益分配等流程，共同完成创意，使众包成为一种新的创业方式。

（4）提高工作效率。由于众包模式没有固定的工作场所和工作时间的限制，可以最大限度地利用社会人力资源，企业可以将短时间内难以完成的大量任务分解为小批量任务，通过众包的方式来完成。只要提供的佣金足够吸引接包者参与，公司所面临的大部分任务都可以在短时间内完成，从而提高效率。

（5）扩大就业。众包作为一种新的工作模式，也创造了新的就业方式。众包参与过程无固定工作地点和固定工作时间的限制，并且不需要与特定的企业或雇主签订劳动合同，而是采用自由职业者的方式，接包者在自己家中通过众包平台就可实现自主就业。

（6）更好地满足人们的需要。由于众包通过发布任务和提供佣金来完成各项任务，所以它可以充分利用社会的人力资源。如果一个人遇到某些困难，只要他通过众包平台发布他所面临的困难并提供相应的佣金，便可能通过众包平台找到对该问题感兴趣的接包者帮助他解决困难，因此，人们的不同需要可以得到更好的满足。

（7）打破了原有消费者与生产者之间的界限。众包打破了生产者和消费者之间的严格界限，允许消费者直接提出自己对产品设计、性能和规格的想法。制造商可以通过众包收集意见，消费者去评估。然后根据消费者评价的结果，实施“大规模定制”，从而降低产品的市场风险。

2.1.2 众包的质量问题

众包模式为雇主获得大量自由职业者的帮助提供了一种方式，并利用这些工作者的能力和智慧来解决雇主需要解决的各类问题。随着众包平台及其应用的日益普及，越来越多的人参与到众包中来。

众包模式诞生初期，很多人完全是出于兴趣爱好而在众包平台上选取任务去做。他们能够在帮助别人解决问题的同时获得经济回报。金钱回报对这类员工来说是次要的吸引力。如今，被金钱奖励所吸引的接包者占据了相当大的份额。为了最大化自己的利益，一些接包者参与接包主要是为了骗取雇主的佣金，而并不会认真地去执行任务。这些恶意接包者提交的接包方案质量不高，严重时可能会给雇主造成严重损失。与此同时，接包者通过互联网自由地组织起来。不同接包者的年龄、经验和知识储备也不同。即使认真地

去执行任务，有些接包者也可能达不到雇主的要求。

Difallah 等（2015）通过在 AMT 众包平台发布任务的方式进行了实验分析。任务的具体要求是上传一张接包者自己的照片，这张照片需要包含一个手写的关于登录 AMT 平台目的的纸条。该任务共吸引了 30 名参与者，年龄在 20~40 岁。21 名参与者解释说，他们访问 AMT 网站是为了赚一些零花钱。剩下的 9 名参与者表示他们的目的是娱乐和消磨时间。Kittur 和 Kraut（2008）在 AMT 众包平台上进行了一项实验，让参与者评估维基百科上的文章质量。结果表明，近 48.6%的参与者提交的答案是无效的，30.5%的答案是在不到 1 分钟内提交的。

对于众包任务，接包者可能会受到自身能力的限制，无法提交出一份理想的解决方案。然而，更普遍的情况是，由于以收入为导向的接包者越来越多，有大量的恶意接包者试图尽可能多地骗取雇主的佣金，从而导致任务结果迅速提交。如何准确识别恶意接包者是众包平台和雇主面临的一项具有挑战性的任务，需要雇主花费大量的时间和额外的开销。

众包任务接收到的解决方案质量相对较低已经成为众包平台发展的瓶颈。众包接收方案的质量问题已经引起了国内外研究者的广泛关注。如何通过优化策略来评估众包接收方案的质量，从而提高众包任务接包方案的准确性，是一个亟待解决的问题。

2.2　众包参与主体

在美国芝加哥，无线 T 恤使用众包的模式来征集新的 T 恤设计方案。它鼓励客户参与设计，并让他们选择生产线，确定产量，甚至负责营销和销售。对于该众包平台的运营者来说，他们需要做的只是维护网站，这意味着零市场风险。客户群体承担着创新、新产品开发、销售预测和营销等核心功能。这是一个惊人的商业模式。它是雇主、中介和承包商三位一体的商业模式。

（1）发包者。发包者通常是有任务需要解决的企业或个人，可以统称为雇主。对于发包者来说，发布任务有两种方式：一种方式是直接在公司网站上发布，并通过奖励的方式吸引网民参与解决问题。这种方式减少了问题解决过程的中间环节，可以降低解决问题的成本。例如，2007 年 7 月，IBM 发起了一场即兴和创新的头脑风暴活动，以充分发挥员工和他们的家人及客户社区的智慧。IBM 确定了四个主题，为每个主题提供交互式背景信息。该公司最终收集了 3.7 万个创意，并由员工进行筛选。14 万人在线参与了这个创意的第一阶段，公司首席执行官帕尔米萨诺参与了最终的选择，并计划在有前景的创意上投入 1 亿美元。另一种方式是通过中介，中介通常是众包平台，发包者与众包平台签订合同，包括需要解决的问题、价格和售后服务条款等，从而通过众包平台征集问题的解决方案。

（2）接包者。众多的互联网用户都可能是潜在的接包者，在众包平台中通常成为威客。他们可以是专业人士，也可以是非专业爱好者。标致举办了标致设计大赛，动员互联网用户设计自己梦想的汽车。2005 年获奖作品《穆维》出自一名 23 岁的葡萄牙学生之手。世界各地有兴趣和能力研究这个问题的人或团队可以通过中介提交解决方案，认可关于解决方案、奖励和知识产权方面的协议，从而成为接包者。

（3）中介机构。众包交易过程的中介机构是连接发包者和接包者之间的桥梁，其统称为众包平台，如亚马逊的众包服务平台 AMT、国内的猪八戒网众包平台。

有任务的公司或个人与众包平台签订合同并支付定金，并在平台任务库中发布需要解决的任务、主题及相关要求。接包者通过注册进入任务库，找到适合自己的主题并进行投标。项目完成后，中介提出的解决方案反馈给发包者。在发包者筛选并批准计划之后，众包平台将任务对应的奖金支付给中标的接包者。通过后，返回到任务库并继续进行下一个任务解析过程。

2.3　典型众包平台

众包平台是众包任务信息发布、发包者和接包者交流互动的互联网中介机构，是众包模式的关键环节。目前发展较好的众包平台较多，下面列举三个典型平台进行介绍。

2.3.1　AMT 众包平台

目前国外比较流行的众包平台是 Amazon Mechanical Turk（AMT），它是众包平台发展的杰出代表，大量雇主通过该平台获取应用需求和科学实验的解决方案。

在任务发布前，发包者需要在 AMT 众包平台上认证自己的交易账号，然后才能发布任务。在接收到任务的解决方案后，只有当发包者对接包方案满意时，才会同意把任务对应的佣金交给接包者。接包者需要先在 AMT 众包平台上搜索感兴趣的任务，选择并执行任务，然后提交任务的解决方案。当雇主对接包者提交的任务解决方案满意时，对应的接包者就可以获得任务的佣金。

投票任务是 AMT 众包平台支持的主要任务类型。该平台上雇主发出的任务通常是选择问题。这些问题被称为人工智能任务，接包者通过投票来选择他们认为的正确答案。AMT 众包平台中的任务一般由多个接包者共同完成，大多数接包者选择的任务的答案将被认为是正确答案。细分来看，AMT 众包平台的任务类型包括以下几类：

（1）形状推理类。物体形状的识别和推理对人类来说非常简单，而依靠计算机技术很难达到人类的反应速度和精度。利用 AMT 众包平台，可以有效实现目标形状识别、形状相似度分析等任务类型。

（2）实体注释类。AMT 众包平台的接包者可以识别和注释实体的文本信息，比如 Twitter 数据、好莱坞电影和城市名称等。

（3）意见征集类。由于 AMT 众包平台活跃的接包者众多，而且差异性较大，通过该平台能够很容易收集用户的意见，比如用户对某一电影的评价、为公司和个人决策提供意见参考等。

（4）常识信息获取类。众包平台上的接包者可以容易地识别文本中的常识性信息，但是通过文本挖掘等手段很难取得这样的效果。

（5）相关性评估类。AMT 众包平台的接包者通过阅读给定的文本内容，并将这些内容与特定的关键词关联起来，从而实现相关性评估。

2.3.2 猪八戒网

猪八戒网是 2006 年由朱明跃创办的一个服务性众包平台。该众包平台的服务范围涵盖创意设计、网络营销、网站建设、生活服务、文案策划、软件开发、装修服务、商务服务和配音影视服务等。数以千万计的接包者为企事业单位和个人提供个性化的解决方案，将创意、智慧和技能转化为商业价值和社会价值。

由于交易的任务量巨大，为了更好地帮助接包者更快地挑选合适的接包任务，各一级类别下又被进一步细分，具体分类如下：

（1）创意设计。服装设计、Logo 设计、标志设计、网页设计、书籍装帧设计、照片图片美化、PPT 设计、产品/工业设计、动漫设计、宣传品设计、包装设计、名片/卡片设计、其他设计。

（2）营销推广。网店装修、网络营销、搜索引擎优化、微博营销、其他推广。

（3）程序开发。软件开发、移动应用开发、网站开发、其他开发。

（4）文案写作。软文写作、宣传文案、新闻稿撰写、起名取名、论文写作、公司策划、品牌故事创作、产品文案、出版印刷、广告语创作、歌词创作、短信彩信创作、其他写作。

（5）商务服务。商标专利、市场调查、工商财税、文职招聘、翻译服务、法律服务、其他商务服务。

（6）装修服务。工程设计、建筑设计、家具装修、定制家具、其他装修。

（7）生活服务。跑腿、创意祝福、人脉资源、网游、咨询、DIY 生活、婚庆、旅游、家政、家教、其他生活服务。

（8）配音影视服务。配音服务、影视创作、其他影音。

交易模式包括以下五类：

（1）悬赏模式。这种模式最早被平台所采用。在该模式中，当发包者发布需求时，赏金将完全被猪八戒网管理，然后从接包者提交的解决方案中选择中标稿件。在整个过程中猪八戒网收取一定比例的服务费，默认是 20%，根据接包者和发包者的级别有所差异。

（2）计件模式。在该模式下，发包者设定任务需求，接包者选择并执行任务，发包者从提交的解决方案中挑选出符合条件的方案，选择的方案数量一般在任务发布时会给出。目前，该模式下猪八戒网收取服务费的规则与悬赏模式下一致。

（3）一对一先报价模式。即在需求发布时，发包者无需委托猪八戒网进行赏金管理，而是根据服务提供者报价，选择服务提供者完成解决方案的交易。

（4）一对一服务模式。在该模式下，发包者和接包者在猪八戒网上直接进行托管服务，类似于金额交易过程中支付宝的中介作用，从而保障任务的顺利交易。

（5）一对一先抢标模式。在该模式下，发包者发布需求时，发包者先将一定金额的保证金委托给猪八戒网管理，然后接包者进行抢标（参与抢标的接包者也需要提交对应金额的保证金），最终发包者挑选一位合适的接包者执行任务。

2.3.3 一品威客

一品威客网（简称一品威客）成立于2010年，是一家专业从事创意产品和服务交易的电子商务平台，是中国新兴威客模式下创意产品交易的平台。一品威客平台可以帮助企业和个人解决科学、技术、生活、学习等方面的问题。目前，一品威客平台提供的众包任务包括产品设计、文案写作、Logo设计、软件开发、App开发、Flash制作、网站建设、网店装修、起名服务、劳务服务等。

一品威客平台上活跃度发包方包括企业、机构、社会团体和个人。活跃的接包者以90后居多，多为在校大学生、研究生，年龄一般在18~35岁，工作性质以兼职为主。威客的工作模式不同于传统的上班模式，工作时间相对自由，不需要受“朝九晚五”和办公场所的约束。对于企业和个人来说，一些临时性或者简单的任务通过众包模式来完成可以有效地降低成本。

2.4 结构方程相关理论

2.4.1 结构方程模型概述

结构方程模型（SEM）是一种基于统计分析技术的研究方法，主要用于解决社会科学研究中的多元问题，用于进行复杂的多元研究数据的探索和分析。社会、教育、心理等研究通常会涉及多个变量，如学习动机、家庭与社会经济状况等，而且这些变量一般无法直接进行准确测量。在社会学研究中，这类变量统称为潜变量。潜变量只能通过一些外生指标来衡量，如学生的社会经济地位（潜在变量）需要利用父母受教育程度、学生户口类型、父母收入等指标来衡量。传统的统计分析方法不能很好地处理这些潜变量。SEM 可以对抽象概念进行估计和表征，同时可以对复杂的自变量/因变量预测模型的势变量和参数进行估计。

SEM 是一种普遍和主要的线性统计建模技术，已在心理学、经济学、社会学、行为学等领域得到广泛应用。事实上，它是计量经济学领域统计分析方法的综合。其中，多元回归、因子分析、路径分析等方法只是结构方程模型中的特例。

利用联立方程求解 SEM，不需要进行严格的假定设定，同时允许自变量和因变量存在测量误差。在许多科学研究中，有些变量是不能直接测量的。事实上，这些变量基本上是人们为了理解和研究某种现象而建立的假设概念，并没有直接的测量方法。在实际操作中，通常可以找到一些可观测变量作为这些潜变量的“识别”，但这些潜变量的观测识别往往包含大量的测量误差。在统计分析中，即使是那些可以被测量的变量，也经常受到测量误差问题的困扰。自变量测量误差的出现会导致传统回归模型参数估计的偏差。传统的因子分析虽然允许为潜变量建立多个标识，而且可以处理测量误差，但不能分析因子之间的关系。只有 SEM 才能使研究人员在分析过程中处理变量的测量误差，分析潜变量之间的结构关系。

简而言之，区别于传统的回归分析，结构方程分析可以同时处理多个因变量，并对不同的理论模型进行比较和评价。与传统的探索性因子分析不同，在结构方程模型中，可以提出一个特定的因子结构，并对其进行测试，以验证其与数据的一致性。通过对结构方程的多组分析，可以了解不同组变量之间的关系是否保持不变，各因素的均值是否存在显著差异。

目前，随着 SEM 的广泛使用，已开发出多种能够处理 SEM 的商业软件，比较有名的包括 AMOS、LISREL、Mplus 等。

SEM 包括测量方程（外部关系）和结构方程（内部关系）。以 ACSI 模型为例，具体形式如下：

测量方程：$y=\Lambda y\eta+\varepsilon y$，$x=\Lambda x\xi+\varepsilon x$。

结构方程：$\eta=B\eta+\Gamma\xi+\zeta$ 或 $(I-B)\eta=\Gamma\xi+\zeta$。

其中，η 和 ξ 分别是内生 LV 和外生 LV，y 和 x 分别是 η 和 ε 的 MV，Λx 和 Λy 是载荷矩阵，B 和 Γ 是路径系数矩阵，ε 和 ζ 是残差。

2. 4. 2　三种分析方法对比

线性相关分析：线性相关分析观测两个随机变量之间存在的统计联系。这两个变量在状态上是相等的，不分因变量和自变量。因此，并不能凭相关系数来反映单个指标与总体之间的因果关系。

线性回归分析：线性回归在模型中定义了因变量和自变量。但它只能提供变量之间的直接影响，不能显示可能的间接影响。此外，由于共线性关系，可

能会导致数据分析结果无法解释，如单一指标和负相关问题。

结构方程模型分析：该模型是建立、估计和检验因果关系模型的一种方法。在结构方程模型中，既包含可观测的显式变量，又包含不能直接观测的势变量。结构方程模型可以替代多元回归、路径分析、因子分析、协方差分析等方法，清晰地分析个体指标之间的关系。

2.4.3 结构方程模型假设条件

（1）合理的样本量。Gonzalez 等（2009）认为要保证结构方程参数估计结果有效，一个自变量至少需要 15 个样本。Kamat 和 Kittur（2017）认为一个估计参数对应 5 个样本即可保证估计结果的有效性，但前提是这些数据质量较高。Escobar-Rodríguez 和 Bonsón-Fernńndez（2017）采用蒙特卡罗模拟的方式，分析了包含 2~4 个因素的结构方程模型，这些模型至少需要 100 组样本，才能保证最终的参数估计结果的有效性。对于小样本的模型分析，参数估计过程中极易导致收敛失败的问题。如果样本数据质量偏低，则需要提供更大规模的样本量，以确保参数估计结果的有效性。

（2）连续的正态内生变量。在结构方程模型分析中需要注意一种表面不连续的特例，即潜在的连续。对于内生变量的分布，理想情况是联合多元正态分布。

（3）模型识别。结构方程模型的识别需要比较可用的输入样本数量和需估计的参数数量，模型不可识别会导致参数估计失败。

（4）完整的数据或者对不完整数据的适当处理。一般统计软件对缺失值的处理，给出的删除方式选项是 pairwise 和 listwise，但这存在矛盾：pairwise 删除能保证最小化的数据丢失，但它会导致 n 阶协方差矩阵和相关系数矩阵参差不齐，给模型拟合带来很大的困难，甚至导致无法得到参数估计；listwise 删除不存在 pairwise 删除的问题，因为如果在样本中有一个缺失的值，该样本就直接将全部删除，但它也带来了数据信息使用不足的问题。也就是说，完全删除会丢失很多有效的信息，而不删除则会影响整体结果。

（5）模型的说明和因果关系的理论基础。事实上，这是假设检验的逻辑。也就是说，只有统计检验可以用来表明模型在一定的检验水平上不能被拒绝，模型也不能被接受。

2.4.4 结构方程模型的技术特性

（1）结构方程模型具有理论先验。

（2）结构方程模型同时处理测量和分析问题。

（3）结构方程模型基于协方差的应用，可以处理平均估计。

（4）结构方程模型适用于大样本分析。

（5）结构方程模型包含许多不同的统计技术。

（6）结构方程模型注重多个统计指标的应用。

2.4.5 结构方程模型的实施步骤

（1）模型设定。基于已有的理论和知识，研究者通过推理和假设，形成了一组变量之间关系的模型。该模型还可以用来表示变量之间的因果关系。

（2）模型识别。在建立结构方程模型时，模型识别是一个基本的考虑因素。该模型只有在获得系统各种自由参数的唯一估计值时才能被识别。基本规律是模型的自由参数不能大于观测数据的方差和协方差的总和。

（3）估计模型。SEM 的基本假设是观测变量的对比和协方差矩阵是一组参数的函数。在参数估计的数学运算中，最常用的是极大似然法和广义最小二乘法。

（4）模型评价。在现有证据和理论的范围内，检查所提出的模型与样本数据的匹配程度。模型的整体配合程度的测量指标主要是 χ^2 检验、拟合优度指数、修正拟合优度指数、均方根残余。模型中各参数估计值可以用“t”值来反映。

（5）模型修正。模型修正是为了提高初始模型的拟合程度。当初始模型与观测数据不匹配时，需要对模型进行修正，然后再使用相同的观测数据集进行验证。

2.5　神经网络与遗传算法相关理论

2.5.1　神经网络算法

20 世纪 80 年代，人工神经网络逐渐兴起，并成为了人工智能领域的研究热点。该算法从信息处理的角度对人脑神经元网络进行抽象，建立简单的模型，根据不同的连接方式形成不同的网络。在工程和学术界，它通常被直接称为神经网络。神经网络是由大量相互连接的节点（或神经元）组成的操作模型。每个节点表示一个激励函数的特定输出函数。每两个节点之间的连接表示传递连接信号的权值，称为权值，相当于人工神经网络的内存。网络的输出随网络的连接方式、权值和激励函数的不同而变化。网络本身通常是一种算法或函数的近似，也可能是一种逻辑策略的表达。

近 20 年来，人工神经网络的研究不断深入，取得了很大的进展。它成功地解决了预测估计、模式识别、自动控制、智能机器人、生物学、医学和经济学等领域的许多问题。

2.5.1.1　基本特征

人工神经网络是由大量处理单元互连而成的非线性自适应信息处理系统。它基于现代神经科学的研究成果，试图通过模拟大脑神经网络处理和记忆信息的方式来处理信息。人工神经网络有以下四个基本特征：

（1）非线性。非线性关系是自然界的普遍联系。大脑的智慧是一个非线性的现象。人工神经元在两种不同的状态下被激活或抑制，这种行为在数学上是一种非线性关系。阈值神经元网络具有较好的性能，可以提高容错性和存储容量。

（2）非局限性。神经网络通常由各种各样的神经元组成。系统的整体行为不仅取决于单个神经元的特性，而且还取决于单元之间的相互作用和相互连接。通过单元之间的大量连接来模拟大脑的非限制性。联想记忆是不受限制的一个典型例子。

（3）非常定性。人工神经网络具有自适应、自组织和自学习能力。神经网络不仅可以改变所处理的信息，还可以对信息进行处理，而非线性动态系统本身也在不断变化。迭代过程常被用来描述动态系统的演化过程。

（4）非凸性。在一定条件下，系统的演化方向取决于特定的状态函数。如能量函数，其极值对应系统相对稳定的状态。非凸性是指该函数具有多个极值，因此系统具有多个稳定的平衡态，这将导致系统演化的多样性。

在人工神经网络中，神经元处理单元可以表示不同的对象，如概念、特征或一些有意义的抽象模式。网络中处理单元的类型分为输入单元、输出单元和隐藏单元三类。输入单元接收来自外界的信号和数据；输出单元实现系统处理结果的输出；隐藏单元是介于输入单元和输出单元之间的单元，系统不能从外部查看它。神经元之间的连接权值反映了单元之间连接的强度，信息的表示和处理反映在网络处理单元的连接关系中。人工神经网络具有联想、自学习、自组织和自适应能力。其本质是通过网络变换和动态行为获得并行的分布式信息处理功能，并模仿不同层次的人脑神经系统的信息处理功能。它是一门跨学科的科学，涉及神经科学、思维科学、人工智能和计算机科学等多个领域。

人工神经网络是一个并行分布式系统，采用了与传统人工智能和信息处理技术完全不同的机制，克服了传统的基于人工符号处理直观、非结构化信息方面的缺陷，具有自组织和实时学习功能。

2.5.1.2　网络模型

人工神经网络模型主要考虑网络连接的拓扑结构、神经元的特性和学习规则。目前已有近 40 种神经网络模型，包括反向传播网络、自组织映射、感知器、Boltzmann 网络、Hopfield 网络、自适应谐振理论网络等。根据连接的拓扑结构，神经网络模型可分为：

（1）前向网络。网络中的每个神经元接收前一阶段的输入，并将其输出到下一阶段。网络中没有反馈，可以用有向无环图表示。这种网络实现了信号从输入空间到输出空间的转换，其信息处理能力来自于简单非线性函数的多重复合。

（2）反馈网络。网络中神经元之间存在反馈，可以用无向图表示。该神经网络的信息处理是动态系统理论可以处理的一种状态转移，系统的稳定性与联想记忆功能密切相关。Hopfield 网络和 Boltzmann 网络都属于这种类型。

2.5.1.3　学习类型

学习是神经网络研究的重要组成部分，通过学习可以提高模型的适应性。根据环境的变化，调整权重以改善系统。Hebb 和 Cusimano（2001）提出的 Hebb 学习规则奠定了神经网络学习算法的基础。Hebb 规则认为，学习过程最终发生在神经元之间的突触部位，突触连接的强度随着神经元在突触前后的活动而变化。在此基础上，后续的研究者提出了多种学习规则和算法，以适应不同网络模型的需要。有效的学习算法使神经网络通过调整连接权值来构造客观世界的内在表征，形成一种特征信息处理方法。信息的存储和处理体现在网络的连接上。

神经网络的学习方法根据学习环境的不同可以分为有监督学习和无监督学习。监督学习是指将训练样本的数据添加到网络的输入端，根据相应的期望输出与网络输出来获得一个误差信号，从而调整连接权重，经过多次学习后收敛于一个确定值。当样本情况发生变化时，可以修改权重以适应新的环境。有监督学习的神经网络模型包括反向传播网络、感知器等。在无监督学习的情况下，不事先给出标准，直接将网络置于环境中，将学习阶段与工作阶段相结合。此时，学习规律的变化服从连接权的演化方程。无监督学习最简单的例子是 Hebb 学习规则。竞争学习规则是一个更复杂的无监督学习的例子，它是建立在权重调整的聚类基础上的。自组织映射、自适应共振理论网络等是与竞争学习相关的典型模型。

2.5.1.4　分析方法

目前，针对神经网络非线性动力学，学者主要运用动力学系统论、非线性规划理论和统计理论分析神经网络的演化过程和吸引子的性质，探讨神经网络的协同行为和集体计算功能。为了探索神经网络处理信息的完整性和模糊性，混沌理论的概念和方法将发挥一定的作用。混沌是一个很难精确定义的数学概念。一般而言，“混沌”是指由确定性方程描述的动态系统所表现出的不确定性行为，或称为确定的随机性。“确定性”是因为它是由内在原因而不是外部噪声或干扰引起的，而“随机性”则是指其不规则、不可预测的行为，只能用统计学的方法来描述。混沌动力系统的主要特征是对初始条件的敏感依赖，混沌反映了系统固有的随机性。刘友金和刘莉君（2008）认为混沌理论是描述具有混沌行为的非线性动力系统的基本理论、概念和方法。它把动态系统的复杂行为理解为它自身在与外界物质、能量和信息交换过程中的结构。混沌状态是一种固定状态，而不是外来的、偶然的行为。混沌动力系统的定常状态包括静止、平稳量、周期性、拟同时性和混沌解。混沌轨道是整体稳定和局部不稳定相结合的结果，称为奇异吸引子。奇异吸引子具有以下特征：①奇异吸引子是一个吸引子，但它既不是一个不动点，也不是一个周期解；②奇异吸引子是不可分割的，即不能被分成两个和两个以上的吸引子；③它对初值非常敏感，不同的初值会导致显著不同的行为。

2.5.1.5　特点优点

概括来说，人工神经网络主要具有以下三个方面的优势：

（1）具有自主学习功能。例如，在图像识别应用中，将许多不同的图像样本和相应的识别结果输入到人工神经网络中，神经网络通过自学习功能慢慢学会识别相似的图像。自我学习功能对预测尤为重要。预计未来的人工神经网络计算机将为人类提供经济预测、市场预测和效益预测。

（2）具有联想存储功能。这种关联可以通过人工神经网络的反馈网络来实现。

（3）能够快速找到最优解。为复杂问题寻找最优解通常需要大量的计算，而利用一种针对问题设计的反馈人工神经网络，通过计算机的高速计算，很快就可以找到最优解。

2.5.1.6　发展趋势

人工神经网络独特的自适应信息处理能力克服了传统人工智能直觉方法如模式、语音识别和非结构化信息处理等的不足，使其在模式识别、智能控制、组合优化、神经专家系统、预测等领域得到了成功的应用。人工神经网络与其他传统方法的结合将推动人工智能和信息处理技术的发展。近年来，人工神经网络在模拟人类认知的道路上发展得越来越深入，它与模糊系统、遗传算法和进化机制相结合，形成计算智能，已成为人工智能的一个重要方向，并将在实际应用中得到发展。信息几何在人工神经网络中的应用为人工神经网络的理论研究开辟了新的途径。神经计算机的研究发展迅速，现有产品已进入市场。光电结合神经计算机为人工神经网络的发展提供了良好的条件。

神经网络已经在智能识别、预测等众多领域得到了很好的应用，但仍有许多方面需要进一步研究。其中，将神经网络与分布式存储、并行处理、自学习、自组织、非线性映射等优势相结合，得到的混合方法和混合系统成为研究热点。由于其他方法也有各自的优点，将神经网络与其他方法相结合，互相补充，可以取得较好的应用效果。目前，已有神经网络与遗传算法、模糊逻辑、分形理论、专家系统、混沌理论、小波分析、粗糙集理论和灰色系统的融合研究。

2.5.2 遗传算法

遗传算法是模拟达尔文生物进化理论中生物进化过程的计算模型。它是一种通过模拟自然进化过程来寻找最优解的方法。遗传算法从一个种群开始，该种群表示问题的一组潜在的解决方案，而种群由一定数量的具有遗传编码的个体组成。每个个体实际上都是一个具有特征性染色体的实体。染色体作为遗传物质的主要载体，即多个基因的集合，其内部表现是一个组合的基因决定了个体的形状等外在表现，因此，从表现型到基因型的映射，即编码工作，需要在一开始就进行。模仿基因编码的工作非常复杂，常常需要简化，如二进制编码。第一代种群产生后，根据适者生存的原则，每一代的进化都会产生越来越好的近似解，根据个体的适应度大小问题域选择个体，形成新的个体解集。这个过程将促使个体进行自然进化，并使进化得到的后代比上一代个体更适应环境，适应度最高的一组个体集可以作为一个问题的近似最优解。

2.5.2.1 主要特点

遗传算法是求解搜索问题的一种通用算法，可用于求解一般问题。搜索算法的共同特征主要包括以下四个方面：

一是需要形成一组候选解。

二是需要依据某些适应性条件测算这些候选解的适应度。

三是根据各组候选解计算得到的适应度，确定是否保留。

四是对保留的候选解执行某些操作，生成新的候选解。

在遗传算法中，上述特征以一种特殊的方式组合在一起，这种特殊的组合使得遗传算法区别于其他搜索算法。具体到遗传算法，还具有以下几方面的特点：

一是从问题解的串集开始搜索，而不是从单个解开始，这是遗传算法与传统优化算法的区别所在。传统的优化算法是通过一次初值迭代求最优解，很容易错误地进入局部最优解。遗传算法从字符串集出发，具有较大的覆盖范围，有利于全局优化。

二是遗传算法同时处理组中的多个个体，即同时对搜索空间中的多个解决方案进行评估，减少了陷入局部最优解的风险，同时算法本身易于实现并行化。

三是遗传算法基本上不用搜索空间的知识或其他辅助信息，而仅用适应度函数值来评估个体，在此基础上进行遗传操作。适应度函数不仅不受连续可微约束，而且适应度的定义域可以任意设置，这一特点极大地扩大了遗传算法的应用范围。

四是遗传算法使用概率转移规则来指导搜索方向，而不使用确定性规则指导搜索方向。

五是自组织、自适应和自学习使得遗传算法适应智能化需求。

六是遗传算法本身也可以在进化过程中采用动态自适应技术来自动调整算法控制参数和编码精度，如使用模糊自适应方法。

2.5.2.2 基本框架

（1）编码。遗传算法不能直接处理问题空间的参数，因此必须通过编码将要求解的问题表示成遗传空间的染色体或个体。这种转换操作既可称为编码，也可称为问题的表示。

通常采用以下三个规范评估编码策略：

完备性：问题空间中的候选解都能作为GA空间中的染色体表现。

健全性：GA空间中的染色体能对应所有问题空间中的候选解。

非冗余性：染色体和候选解一一对应。

目前的几种常用的编码技术有二进制编码、字符编码、浮点数编码、变成编码等。其中，二进制编码是最常用的编码方法，即是由二进制字符集{0，1}产生通常的0和1字符串来表示问题空间的候选解。该编码方式具有简单易行、符合最小字符集编码原则、便于用模式定理进行分析的特点。

（2）适应度函数。进化的适应性程度是个体适应环境的能力和个体繁殖后代的能力。遗传算法的适应度函数也称为评价函数，是判断群体中个体优劣的指标，它是根据所寻求问题的目标函数来评估的。

遗传算法在搜索进化过程中一般只利用评价函数来评价个体或解的优劣，而不需要其他外部信息。由于适应度函数是基于遗传算法对选择概率进行排序和计算的，因此适应度函数的值应该取正值。可以看出，在很多情况下，需要将目标函数映射到适应度函数中，适应度函数找到最大值形式，函数值为非负。

适应度函数的设计需满足单值、连续、非负、最大化，合理、一致性，计算量小和通用性强四个条件。

在具体应用中，适应度函数的设计应结合解决问题本身的要求。适应度函数的设计直接影响遗传算法的性能。

（3）初始群体选取。通常采用随机的模式设定遗传算法中的初始群体中的个体。一般来讲，可采取如下策略设定初始群体：一是根据问题的固有知识，尝试把握最优解在整个问题空间中的分布，然后在这个分布中设置初始组。二是随机产生一定数量的个体，然后从中选出最优秀的个体加入初始组，这个过程是迭代的，直到初始种群中的个体数量达到预定的规模。

2.5.2.3　运算过程

遗传算法是模拟生物基因遗传的一种实践。在遗传算法中，遗传操作的任务是在编码形成初始种群后，根据群体中个体的环境适应度对其进行一定的操作，从而实现优胜劣汰的进化过程。从优化搜索的角度来看，遗传操作可以解决问题，一代一代地寻求最优解，并不断逼近最优解。

遗传操作包括选择、交叉、变异三类。个体遗传算子的操作是在随机扰动下进行的。因此，种群中个体迁移到最优解的规则是随机的。不同于传统的随机搜索方法，这种随机化操作是用遗传操作进行有效的有向搜索，而不是用一般的随机搜索方法进行无向搜索。

遗传操作的效果和选择、交叉、变异三类操作所选择的概率、编码方法、群体大小、初始群体以及适应度函数的设定密切相关。

（1）选择。从群体中选择适应度高的个体称为选择。选择操作符有时称为再生操作符。选择的目的是直接将优化后的个体遗传给下一代，或者通过配对产生一个新的个体，再遗传给下一代。选择操作是对个体在群体中的适合度的评估。目前有几种选择算子：适应度比法、随机遍历抽样法和局部选择法。

其中轮盘赌选择法是最简单也是最常用的选择方法。在该方法中，个体的选择概率和其适应度值成比例。

显然，概率反映的是个体 i 的适应度占整个群体中所有个体总适应度的比例。个体的适应度越好，被选中的概率越高，反之亦然。在计算种群中个体的选择概率后，需要进行多轮选择才能选择出交叉个体。每轮生成一个介于［0，1］的均匀随机数，该随机数用作选择指针来确定所选的个体。个体被选中之后，它们可以被随机配对，以便以后进行交叉操作。

（2）交叉。生物进化在自然界中的核心作用是生物基因的重组和突变。同样，遗传算法中起核心作用的是遗传操作的交叉算子。所谓交叉，是指将双亲个体的部分结构加以替换成为新的个体。交叉大大地提高了遗传算法的搜索能力。

交叉算子根据交叉率随机交换种群中的两个个体，能够产生新的基因组合，将有益的基因组合在一起。根据编码表示方法的不同，交叉有以下算法：一是实值重组，包括离散重组、中间重组、线性重组、扩展线性重组。二是二进制交叉，包括单点交叉、多点交叉、均匀交叉、洗牌交叉、缩小代理交叉。

最常见的交叉算子是单点交叉。操作步骤为：在单个字符串中随机设置一个交点，当执行交点时，交换交点前后两个个体的部分结构，生成两个新的个体。单点交叉的例子如下：

个体 A：1 0 0 1 ↑1 1 1 → 1 0 0 1 0 0 0 新个体；

个体 B：0 0 1 1 ↑0 0 0 → 0 0 1 1 1 1 1 新个体。

（3）变异。变异算子的基本内容是改变种群中个别字符串的某些位点的基因值。根据不同的方法实现不同的代码表示，算法包括实值变异和二进制变异两种。

通常，变异算子操作包括以下两个步骤：一是判断群体中是否所有个体都具有预先确定的变异概率；二是对变异个体随机选择的片段进行变异操作。

将变异引入遗传算法有两个目的：一是使遗传算法具有局部随机搜索能力。当遗传算法通过交叉算子逼近最优解邻域时，利用变异算子的局部随机搜索能力可以加速收敛到最优解。显然，这种情况下变异的概率很小，否则最优解附近的构建块将被变异破坏。二是使遗传算法保持群体多样性，防止不成熟收敛。此时，收敛概率需取较大的值。

在遗传算法中，交叉算子因其全局搜索能力而成为主算子，变异算子因其局部搜索能力而成为辅助算子。遗传算法具有通过交叉和变异以及竞争操作来平衡全局和局部的能力。所谓相互合作，就是当群体被困在搜索空间的某个超平面上，只能摆脱交叉时，通过变异操作可以助推摆脱这种情况。所谓的相互竞争，是指当交叉口形成了所需要的构建块时，突变操作可能会破坏构建块。当前针对遗传算法的研究主要关注如何有效地利用交叉和变异操作。

基本变异算子是指在一个种群中随机选择一个或多个编码字符串的位点，并对这些位点的基因值进行改变。二进制代码串的基本变异操作如下：首先，基因位下方标有 * 号的基因发生变异。然后，选取合适的变异率，通常选取很小的值，基本处于 0.001～0.1，变异率的选取一般受种群大小、染色体长度等因素的影响。

（4）终止条件。当最优个体的适应度达到一个给定的阈值，或者最优个体的适应度和群体适应度不再上升，或者迭代次数达到一个预先设定的代数时，算法终止。预设代数通常设置为 100～500 代。

2.5.2.4　应用分析

整体搜索策略和遗传算法不依赖于梯度信息或其他辅助知识，只有目标函数和相应的适应度函数会影响搜索方向，遗传算法提供了一个复杂的系统解决方案，对问题的类型具有很强的鲁棒性，因此在许多领域得到了广泛的应用。

（1）函数优化。洪玮和崔杜武（2010）指出函数优化是遗传算法性能评价的一个常见实例。许多人构造了各种形式复杂的测试函数：凸函数和凹函数、连续函数和离散函数、单峰函数和多峰函数、低维函数和高维函数等。

对于一些非线性、多模型、多目标函数的优化问题，用其他优化方法求解难度较大，而用遗传算法可以容易地取得较好的优化结果。

（2）组合优化。对于组合优化问题，随着问题规模的扩大，搜索空间也显著增大。在目前的计算能力下，采用枚举法很难找到最优解，即使能够找到最优解也需要耗费大量时间。对于这样复杂的问题，人们已经意识到重点应该是找到一个满意的解，而遗传算法是最佳工具之一。实践证明，遗传算法对组合优化中的NP问题是非常有效的。例如，遗传算法已经成功地应用于解决旅行者问题、背包问题、包装问题和图形划分问题中。此外，遗传算法还被广泛应用于图像处理、生产调度、机器学习、自动控制、遗传编码、人工生命和机器学习等方面。

2.6 遗传与神经网络混合算法

作为仿生学的重要成果，遗传算法和神经网络都得到了广泛应用，并取得了很好的效果。其中，遗传算法是从自然界生物进化机制中衍生出来的，而神经网络则抽象和模拟了大脑的几个基本特征。因此，与信息处理的实时性有很大的不同。近年来，越来越多的专家、学者和工程师将两者结合起来应用。两者的结合充分发挥了各自的优势，增强了各自的能力，从而获得了更有效的解决问题的方法。

2.6.1 遗传算法对神经网络改进

针对实际问题建立神经网络通常包括以下步骤：一是根据学习任务确定网络结构，包括神经元数量、神经元结构和神经元之间的连接方式；二是选择适合网络的训练算法，例如，使用 BP 算法训练连接权值；三是基于所测得的学习效率、泛化等目标性能，对网络进行评价。上述过程可以不断重复，从而达到预期的效果。

神经网络模型的主要参数由网络层数、每层细胞数和细胞间的连接方式决定。当问题相对复杂时，用人工方法直接确定神经网络是不现实的。由于即使是小规模的网络也很难解释，因此大规模、多层和非线性网络几乎没有严格的设计规则。蔡荣辉等（2017）指出三层神经网络在结构合理、权值适当的条件下，能够以任意精度逼近任意连续函数，但该定理只证明了存在性，没有给出具体的设计方法和准则。目前，人工设计网络的方法已不再适应神经网络的发展趋势。高效的自动设计方法是解决这一问题的途径，在这个解决过程中结合遗传算法是一个有效的方式。郎国伟等（2017）认为遗传算法也可以用来搜索神经网络权值的全局最优组合。同时，还可以通过遗传算法将神经网络的结构和权重统一起来进行整体搜索，但这种处理方式的计算量极大。

2.6.2　神经网络与遗传算法结合方法

从已有的研究来看，遗传算法与神经网络相结合的方法大致可以归纳为两类：一是辅助类型，例如利用遗传算法处理样本数据中的奇异值、缺失值等，用于神经网络训练；二是合作类型，结合遗传算法和 BP 算法对神经网络权值进行优化，得到网络参数的最佳组合。合作式的结合方法具体流程如图 2-1 所示。

BP 算法是众多学习算法中应用最广泛的前馈网络学习算法。然而，BP 算法本质上仍然是一种基于梯度下降思想的搜索方法，其本身也有其不足之处。杨从锐等（2018）认为遗传算法的全局优化能力可以有效改善网络容易陷入局部极值点的问题。但是，他们也比较了遗传算法的缺点：一方面，由

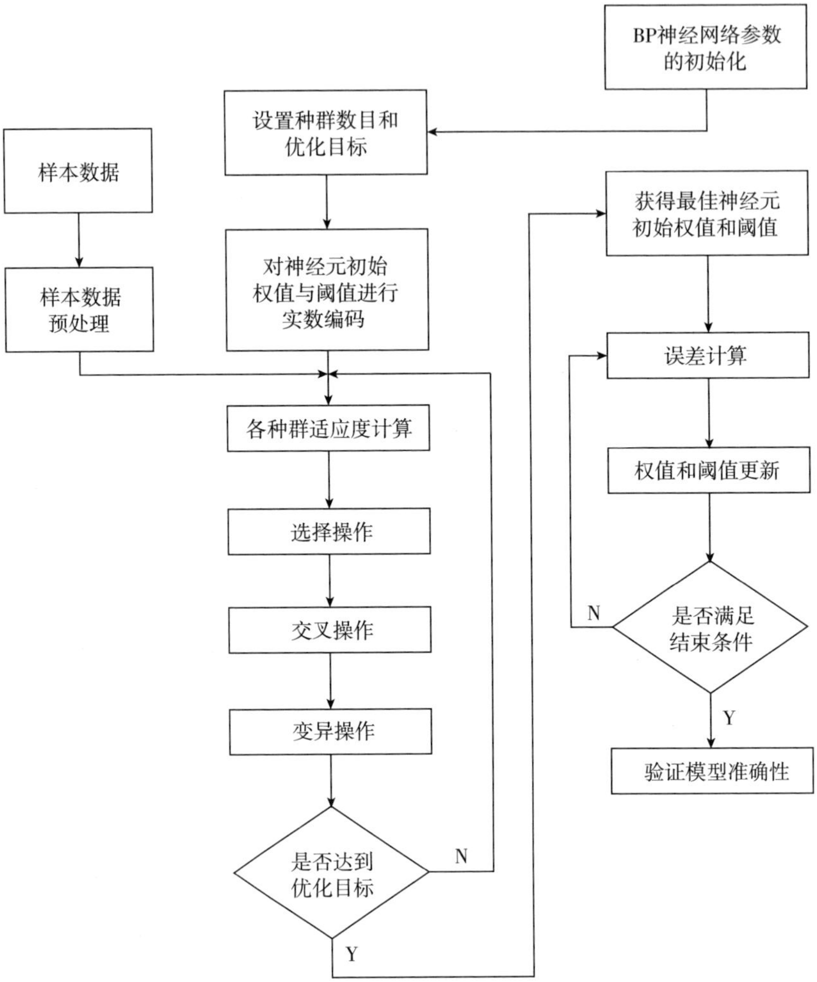

BP神经网络参数的初始化

设置种群数目和优化目标

样本数据

样本数据预处理

对神经元初始权值与阈值进行实数编码

各种群适应度计算

选择操作

交叉操作

变异操作

是否达到优化目标

N

Y

获得最佳神经元初始权值和阈值

误差计算

权值和阈值更新

是否满足结束条件

N

Y

验证模型准确性

图 2-1　神经网络与遗传算法合作式结合的流程

于编码的准确性，遗传算法只能给出近似的最优解，不能得到精确值；另一方面，选择遗传算法的初始参数时存在困难。

目前，大多数利用遗传算法优化神经网络的应用都需要事先用经验或其他方法来确定网络结构，然后通过遗传算法训练网络权值来获得近似最优解。当网络结构固定时，网络权值优化过程包含以下六个步骤：

（1）选择个体的编码方式，并随机产生若干个体作为初始群体。

（2）根据个体解码后的参数，得到一系列神经网络模型。

（3）通过选定的适应度函数获得网络适应度。

（4）按照适合度值选择个体获得后代的概率。

（5）根据对应的概率值，对选择出来的群体进行所有的遗传操作，获得下一代，完成本次进化。

（6）判断性能是否满足要求，如果不满足，返回（2）；如果满足，保存最优个体，算法结束。

在以上六个步骤中，编码方式非常重要，因为采用不同编码方法的遗传算法得到的训练结果差异较大，一般选择二进制编码和实数编码。

二进制编码方法将网络的每个权值编码为一个固定长度的二进制字符串。例如，每个权值由一个字节的长度表示，权值变化［-127，127］，并且权值是按一定的顺序排列的。一个简单的串联体可以代表一个染色体。二进制编码方法也可以选择灰度编码、指数编码等，但所有二进制编码的精度都受到字节长度的限制。如果字节数太小，精度就会不够，离散值很难得到连接权值的有效组合，甚至导致遗传算法不收敛；但是，如果编码字节的数量太长，由于染色体是由一系列加权编码组成的，这将使染色体的长度加倍，并给编码和解码等操作带来巨大的计算量，从而直接导致进化速度的急剧下降。实数编码可以有效地缓解二进制编码的缺点，但由于编码方法的差异较大，需要对相应的遗传算子进行重新设计。

2.6.3 遗传神经网络混合算法实现

2.6.3.1 神经网络学习的复杂性

神经网络学习是基于选定的评价函数，在整个空间中寻找参数的最佳组合的一种方法。评价函数通常考虑的因素有收敛性、有效性、鲁棒性等。评价函数的曲面通常比较复杂。例如，搜索空间可能是无限的，评价函数是不连续的，性能面不是微观的。枚举搜索将面临组合爆炸的问题，搜索效果不理想。随机搜索由于搜索的盲目性而不能令人满意，梯度下降搜索方法对函数的要求更高，需要光滑连续。

遗传算法中的每个个体代表一个完整的网络，网络中节点之间的连接权值为实数。因此，标准遗传算法需要将其转换为二进制编码整数。这样的参数只会导致参数的逐步更改，而不能连续更改。全局最佳值可能在全局搜索期间被跳过。虽然神经网络的连接权值为连续浮点型，但其结构参数为离散整数。对于传统算法难以求解的非线性混合优化问题，遗传算法可以有效地求解，甚至可以对不可量化的目标进行优化。

2.6.3.2 面向神经网络权值优化的遗传算法

在遗传算法优化神经网络参数的过程中，需要通过大量的实验来确定神经网络的结构，然后用遗传算法对神经网络的参数进行全局优化。算法设计过程中需要注意以下要点：

（1）编码方式。神经网络权值的学习是一个连续参数优化问题。当优化参数过多时，二进制编码会导致单个编码的长度不利于算法在进化过程中的计算。在计算个体适应度时必须对其进行解码，这增加了算法的复杂度，降低了计算效率。另外，二进制编码导致权值逐步变化，降低了网络的学习精度。因此，使用实数可以改善这类问题。网络中的所有权值按照从输入到输出的顺序联到一个代码字符串中。

（2）适应度函数。对染色体进行解码，按照编码顺序对应神经网络的权值和阈值。利用训练数据对网络进行训练，得到误差绝对值之和，利用式（2-1）计算个体的适应度。

$$fitness = \sum_{n=1}^{N} |y-d| \tag{2-1}$$

式中，N 为训练样本数；y 为网格输出；d 为实际样本输出；fitness 为个体适应度。

（3）初始化过程。在利用遗传算法优化 BP 神经网络权值的学习过程中，遗传算法的初始种群一般在（-1，1）之间随机获得。经过大量的实践，不难看出网络权值一般收敛于一个绝对值较小的浮点数。虽然也会出现个别权值相对较大的情况，但对训练效果影响较小。

（4）选择算子。采用群体选择法和适应度评价法选择遗传操作对象。程序设计从初始组中选择适应度最高的两个个体作为亲本个体，通过联盟选择法进行杂交、变异和选择，以保留最优个体。在新组中再次得到最优个体，并将上次保留的最优个体作为双亲个体，重复上述步骤，直到迭代结束。联盟选择法是一种改进的选择方法，收敛速度较快，基于排序的选择操作也更为常见。首先，由式（2-1）计算群体中每个个体的适应度，按降序排列，根据排序结果采用不同的交叉方法。其次，对于十进制编码遗传算法，可以使用最优最劣的个体对以及相邻的个体对。

（5）交叉操作。交叉运算的一种常用方法是交叉概率算术交叉。例如，双亲 P_1 和 P_2 相交，其相交方式可以统一表示为：

$$\begin{cases} P_1^{n+1} = \alpha P_1^n + (1-\alpha) P_2^n \\ P_2^{n+1} = (1-\alpha) P_1^n + \alpha P_2^n \end{cases} \tag{2-2}$$

式中，$0<\alpha<1$；P_1^{n+1}、P_2^{n+1} 代表 n+1 代个体；P_1^n、P_2^n 代表 n 代个体。

交叉操作应设法确保个人的良好模式不被破坏，并确保获得新的个人。由式（2-2）的交叉运算可知，子代个体呈现向中心收缩的现象，降低了算法的全局优化能力。为了解决这一问题，可以采用代际微分交叉的方法进行交叉操作，如式（2-3）所示。

$$P^{n+1} = \alpha P^n + (1-\alpha)\ best \tag{2-3}$$

式中，best 根据前几代最优个体按照式（2-4）、式（2-5）计算得出。

$$best^{n+1}=\frac{5}{2}best^{n}-2best^{n-1}+\frac{1}{2}best^{n-2} \tag{2-4}$$

$$best^{n+1}=\frac{8}{3}best^{n}-\frac{5}{2}best^{n-1}+best^{n-2}-\frac{1}{6}best^{n-3} \tag{2-5}$$

式中，$best^{n}$ 代表 n 代产生的最优个体。

（6）变异操作。先随机为变异算子设定初始值，然后按照式（2-6）进行变异操作。

$$P^{n+1}=P^{n}+\alpha \cdot \mu(0,1) \cdot h(fitness) \tag{2-6}$$

式中，α 为［-1，1］区间内系数，h 为个体适应度函数，μ（0，1）为高斯算子。

（7）交叉概率与变异概率自适应变化。交叉概率 Pc 和变异概率 Pm 的大小直接影响遗传算法的性能表现。在实际的算法设计中，Pc 和 Pm 的大小应该随着进化时间和适应度的变化而自适应地变化。当个体的适应度较高时，为了防止个体良好的模块再次被破坏，以便能够被保留并进入下一代，Pc 和 Pm 应该更小，否则，Pc 和 Pm 应该更大。当算法出现“早熟”收敛时，Pc 值和 Pm 值均增大，从而提高了算法获取新个体的速度，帮助算法摆脱“早熟”陷阱。

（8）利用遗传算法和 BP 算法优化权值。虽然遗传算法的全局优化能力更为突出，但得到的候选解可能不够精确。遗传算法与 BP 算法的合理结合有助于弥补各自的不足。采用遗传算法对网络权值进行连续优化。当两个相邻适应度值不能继续有效下降时，停止优化。然后利用 BP 算法对结果进行微调，使全局最优参数组合快速收敛。

2.7 推荐系统相关理论

目前，互联网已被广泛普及，根据中国互联网信息中心发布的《中国互联网统计报告》，截至 2017 年底，中国互联网用户达到 7.72 亿人，全年新增网民 4074 万人，互联网普及率达到 55.8%。图 2-2 给出了 2007~2017 年中国互联网用户的规模和互联网普及率。

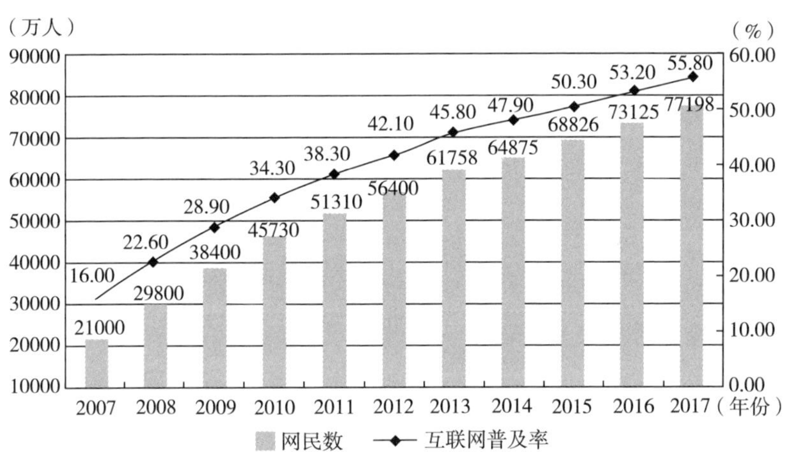

图 2-2 近 11 年我国的网民数和互联网普及率增长趋势

2.7.1 信息过载问题及其解决方法

Gross（1971）提出了信息超载问题，即信息量过大，超出了人类对信息的搜索、检索和感知的极限，给人类带来了认知混乱的负面现象。图 2-3 展示了信息量与人类认知准确性之间的关系。

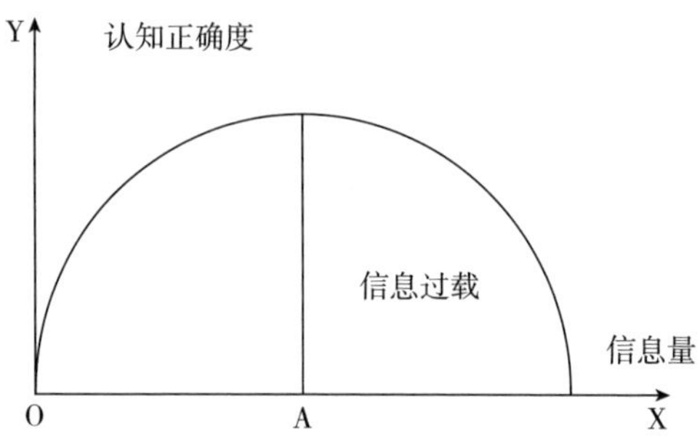

图 2-3　用户决策与信息量的关系

从图 2-3 可以看出，当信息量超过一定的水平时，人类的认知精度会降低，即过多的信息会给人们带来困扰。

目前，为解决信息过载问题，学术界和工业界积累了许多种技术方案，如决策支持系统、搜索引擎、自然语言处理和分类目录。其中，分类目录和搜索引擎使用最为广泛。随着推荐系统技术的出现，推荐系统和搜索引擎成为了两个互补的工具。搜索引擎满足用户的显式需求，推荐引擎满足用户的不确定性需求。

2.7.2　推荐算法及其分类

推荐算法众多，但大致可以归纳为协同过滤推荐算法、基于内容的推荐算法、混合型推荐算法三大类。还有一些其他最新的推荐算法，例如社会化推荐算法、移动推荐算法、流行度推荐算法等。

（1）协同过滤推荐算法。王成等（2016）指出协同过滤算法是较早也是较成功的推荐算法之一，目前应用范围很广。基于用户的协同过滤和基于项目的协同过滤通常使用用户历史信息来计算用户之间的相似性，或者使用项目之间的历史信息来计算项目之间的相似性。它们是基于内存的协作过滤算法以及基于模型的协作过滤算法。这包括著名的矩阵分解算法。它利用低维空间的矩阵乘积来近似高维用户项得分矩阵。矩阵分解算法主要包括奇异值分解、非负矩阵分解、概率矩阵分解和各种变异算法。

（2）基于内容的推荐算法。基于内容的推荐算法是基于用户或项目本身的信息进行推荐，协同过滤算法的相似性是基于用户或项目之间的交互信息计算相似性。吴彦文等（2017）认为基于内容的算法解决了协同过滤算法的一些局限性，比如克服了受欢迎程度的偏见和新项目的冷启动，但它也可能向用户推荐了过多的同类项目，忽略不同类型的项目，但用户也喜欢它们。

（3）混合型推荐算法。张新猛等（2015）认为无论是基于人口统计学的推荐算法，还是基于协同过滤的推荐算法，抑或是基于内容的推荐算法，都有其自身的优势和局限性。使用混合算法的目的是充分利用彼此的优点来弥补不足，从而改进算法的推荐效果。

除了上面提到的一些传统的推荐算法外，还有一些先进的算法，如深度学习算法和 Multi-armed bandits 算法等。这些更高级的算法可以给出更好的建议，但它们相对来说更难理解。

2.7.3 推荐方法的测评方法和评价指标

推荐系统的参与者有用户、供应商和推荐网络，三者之间的关系如图 2-4 所示。一个好的推荐系统可以使三方都受益，评价方法和指标是评价系统质量的标准。朱郁筱和吕琳媛（2012）指出针对推荐系统的评价一般有三种方法，即线下实验、用户调查和线上实验。推荐系统的评价指标可以衡量推荐系统不同方面的性能，有定量、定性的，有线下实验、用户调查、线上实验等指标。

（1）用户满意度。对于用户来说，对推荐系统满意度的衡量是一个主观的定性指标，只能通过用户调查或在线实验来获得。这不仅是询问用户对推荐结果是否满意，更是询问用户对不同方面的结果有何感受。

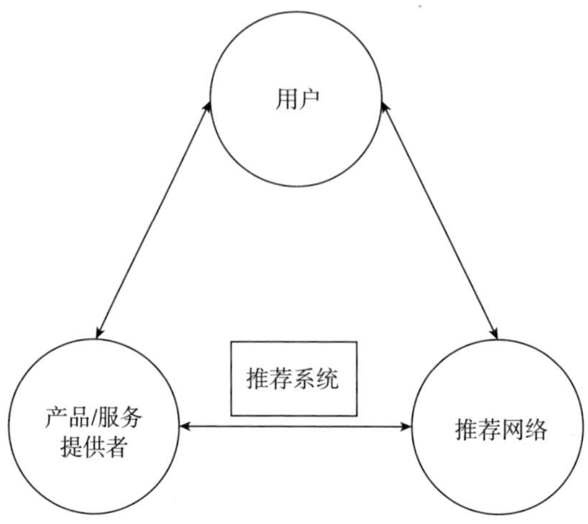

图 2-4　推荐系统参与者

（2）预测准确度。预测精度指标分为得分预测精度和 Top-N 推荐精度。分数预测的精度一般由均方根误差和平均绝对误差来计算。这两个指标是评价推荐算法准确性最常用的评价指标。Top-N 推荐是由推荐系统推荐的一个个性化的产品/服务列表，通过准确性和召回率来衡量。一般情况下，为了全面、准确地测量准确率和召回率，选择不同的推荐列表长度 N 进行计算。

（3）覆盖率。覆盖率有不同的定义，最简单的定义是推荐系统推荐的项目与项目总集合的比例，它描述了推荐系统探索长尾项目的能力。

另外，还有新颖性、多样性、实时性、信任度、惊喜度、商业目标等测评指标用于评价推荐系统的推荐效果。

2.7.4　推荐系统的应用

目前，各类大型网站和 App 都使用了智能推荐技术，包括电子商务、门户网站、网络社区等。

电子商务。电子商务的目的是促成交易，而交易的关键在于让消费者埋单，所以对于电子商务平台来说，如何将合适的产品和服务推荐给有需求的消费者是十分关键的，亚马逊、阿里巴巴、京东等都建立了推荐系统，这些软件目前都能够实现定制化用户终端界面，达到千人千面的效果。

门户网站。目前门户网站和信息提供平台之间的竞争十分激烈，如何更好地吸引用户并增加用户黏性是门户网站和信息提供平台的核心任务之一。而吸引用户和增加用户黏性的关键是了解用户，并根据用户的情况进行智能推荐。

网络社区。网络社区由于具有明显的特点，一般能够吸引类似兴趣爱好和类似关注点的群体。目前网络社区之间的流量竞争也异常激烈。对于网络社区来说，同样需要考虑如何增加用户黏性，这就同样需要了解用户特性，并进行智能推荐，从而提供用户体验，增加用户黏性。

2.7.5 推荐系统最新研究方向

推荐系统的目的是尽可能地实现信息和资源的最优配置，在这个过程中系统结构和算法起着决定性作用。

Adomavicius（2005）对传统的推荐算法和推荐机制进行了总结。Amatriain 等提出了基于专家推荐的推荐算法。王立才等（2012）研究了上下文感知的推荐系统，如何利用这些上下文信息进一步提高推荐算法的准确度是上下文感知系统要解决的问题。孟祥武等（2013）对移动推荐技术的关键技术、性能和应用进行了概括、比较和分析。Gong 等（2017）研究了推荐系统的用户隐私保护问题，他们利用 GM 加密系统的方法提出了一种保护用户隐私的推荐算法。

随着推荐算法研究的不断深入和用户需求的不断变化，未来还会出现更多能够满足用户个性化需求的先进的推荐算法。

2.8 本章小结

对众包平台任务成交绩效影响因素和智能分配方法的研究，涉及大量的概念和数学模型。首先对众包的定义以及本书关注的核心问题——众包的质量问题进行了阐述。其次从接包者、发包者和众包平台三个方面分析了众包的参与主体。再次重点介绍了众包交易平台，并列举了国内外比较知名的众包平台。在分析本书用到的数学模型方面，本章从概念、假设条件、技术特性和实施步骤方面阐释了众包平台任务成交绩效影响因素研究用到的结构方程模型。依次对神经网络算法和遗传算法进行说明，并从遗传算法对神经网络的改进、神经网络与遗传算法的混合方式、遗传神经网络混合算法的具体实现出发对遗传神经网络混合算法进行了详细的分析。最后对推荐系统的相关理论进行了总结。

第3章　众包任务成交绩效影响因素探索性分析

为研究影响众包任务成交绩效的主要因素，本章将在总结已有研究成果的基础上，尝试通过定量分析的方式进一步探索影响众包任务成交绩效的主要因素。其中，定量分析过程中数据的获取主要通过爬虫软件从相关众包网站中抓取。研究中涉及的主体包括众包的发包者、众包平台和接包者，这三者之间通过众包平台形成了复杂的关系网络，研究内容可归纳为网络关系内容。网络关系分析范式分为社会网络分析和复杂网络分析，前者属于一般经济学、管理学等人文社科学者的研究方法，后者涉及物理学、系统科学、计算机信息科学等。本书的研究主要采用社会网络分析方法。社会网络的工具主要是问卷调查、统计分析、数据挖掘。数据挖掘是当前管理研究中热门而且有效的数据收集和分析方式。数据挖掘的优点是数据收集过程中人为干预少、数据客观性强、基础数据量大、数据适合进行定量分析。数据的收集方式和收集过程将直接影响研究该问题的质量。本章将从变量指标的选取、变量指标的操作性界定、爬虫方式和软件的选取、数据收集与样本描述等方面对众包任务成交绩效的影响因素进行探索性分析。本章研究框架中的变量包括：主要影响因素（自变量）、众包任务成交绩效（因变量）、众包平台协同能力（调节变量）。各变量的操作性定义和测量方式主要是围绕本书研究主题，通过借鉴中英文文献中的相关研究成果，并结合众包模式运营过程中的实践特征发展而成的。

3.1 众包交易模式分类

在国内外众包网站研究的基础上可将众包交易模式归纳为三类，分别是悬赏制、招标制和指定任务外包模式，其中指定任务外包模式也可以称为雇佣制模式。

3.1.1 悬赏制交易模式

悬赏制交易模式是指发包者在平台上注册后发布任务。整个过程可以分为两个阶段：一是任务发布阶段。发包者在平台上填写具体任务需求，然后将任务赏金托管到平台上，由平台进行发放。二是任务反馈阶段。接包者接包后提交解决方案，由发包者决定采纳哪一种方案，同时平台将赏金发放给被采纳方案的接包者。

悬赏制交易模式有三个主要特点：①资源的浪费。当发包者发出任务时，所有参与任务的各方都必须提交计划。事实上，发包者最终只会选择其中一个解决方案，而其他解决方案将被舍弃。在这种情况下，它造成了巨大的资源浪费，因为在这个过程中，其他被舍弃的解决方案的参与者的时间、智力和其他成本不能产生任何价值。②完全托管。发包者发布任务需求时，需要委托众包平台对任务赏金进行全面管理。事实上，虽然这种模式在一定程度上保障了接包者的权利，但在实际操作中，可能会出现发包者对所有提交的方案都不满意的情况，此时发包者并不能全额退款。③任务定价。悬赏制交易模式下，发包者在任务发布阶段设定赏金金额，接包者没有议价能力。

3.1.2　招标制交易模式

招标制交易模式的交易过程与悬赏制基本相同。不同之处在于，第一阶段的发包者可以在发出任务时给出一个具体的金额，或者一个预算区间，接包者提交的只是一个带有报价的初始计划。第二阶段的发包者在选定某一接包者后，会按照接包者的方案签订合同，并根据合同委托众包平台托管赏金，接包者根据合同完成任务后获得赏金。

3.1.3　雇佣制交易模式

雇佣制交易模式的过程可以分为三个阶段：①展示阶段。接包者在众包平台上注册后，平台会为他们提供一个“工作室”，展示他们的个人简历、知识背景和工作能力。②筛选阶段。发包者根据任务需要积极寻找和选择符合要求的接包者。③合作阶段。发包者选择接包者后，双方积极沟通。合作意向达成后，接包者按要求完成并提交任务，发包者按照要求支付报酬。

与悬赏制交易模式和招标制交易模式相比，雇佣制交易模式具有两个主要特征：①平台不参与。在雇佣制度中，发包者和接包者是一对一的服务。双方直接进行交易，平台一般不参与。②个性化服务。发包者选定接包者后，双方将进行进一步的沟通与合作，合作模式将更加灵活。接包者可以更方便地为发包者提供个性化服务。

通过上述对三种众包交易模式交易流程和特点的详细分析，本书可对其重新进行分类。其中，在悬赏制和招标制交易过程中，平台一直参与其中，所有过程均在平台上完成。因此对于平台来说，双边用户的交易次数是很容易观测到的。因此，本书将悬赏制和招标制划分为一类，将其统称为悬赏招标制。而在雇佣制交易过程中，平台的作用被弱化，平台一般不参与其中，接包者和发包者之间可以直接进行沟通交流，此时平台观测用户交易次数的难度则较大。

悬赏招标制交易模式的交易流程如图 3-1 所示。发包者在平台上发布任务后将赏金进行托管，接包者通过在平台上进行搜索并提交方案，由接包者确定中标者，然后由平台将赏金转付给中标者。

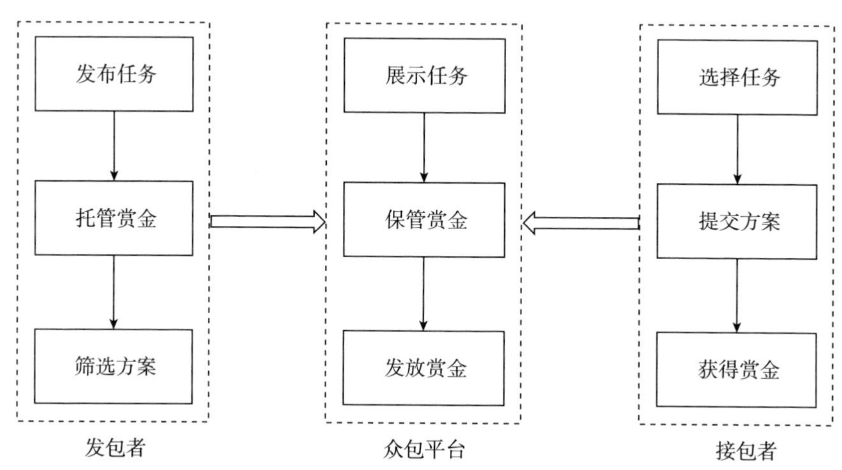

图 3-1　悬赏招标制交易流程

雇佣制交易模式则是发包者处于主动地位，在平台上筛选接包者，并根据接包者在平台上的技能展示确定合适的合作者，随后直接将任务交给该接包者，最后由接包者和发包者经过沟通交流后确定任务方案。因此，双方的交易是一对一的，交易方式更加灵活。雇佣制交易流程如图 3-2 所示。

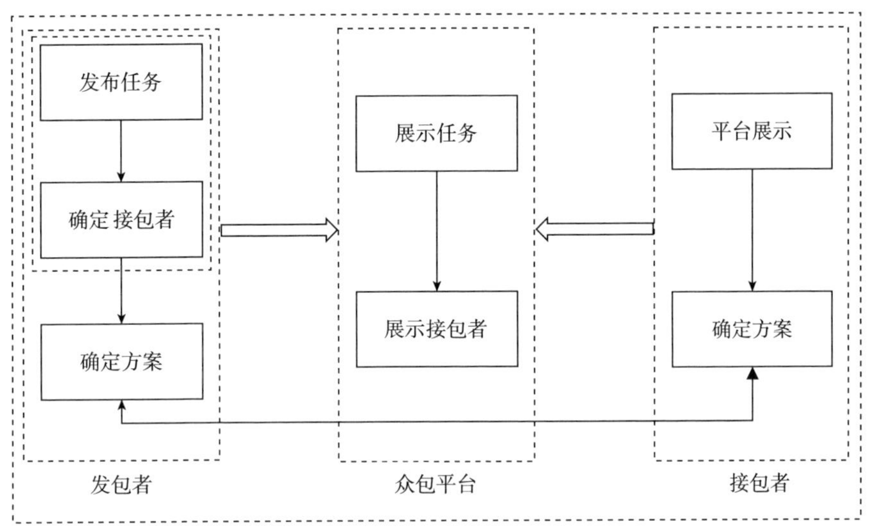

图3-2 雇佣制交易流程

3.2 变量指标的选取原则

管理学的理论是探索变量与概念之间的关系。概念是被观察事物本身的抽象表达。这个概念本身是不可观察的，反映了与这个概念相关的一系列事件的可观察性。测量的目的是体现抽象的概念，找到合适的测量指标，将概念的理解提升到一个操作过程中。变量指的是可测性的概念，其性质可以用大小和强度来衡量，便于研究。根据变量之间的相互影响关系，将变量分为自变量、因变量和调节变量。自变量是影响或决定因变量的变量。因变量是由其他变量改变或决定的变量，它对自变量做出响应。当因变量和自变量是变量（M）的函数时，变量（M）是一个被操纵的变量。理想的调节变量与自变量和因变量无关。

管理学大多采用间接的方式测量相关变量。本书从网络角度研究众包参与者和众包平台的相关因素对众包任务成交绩效的影响机制，主要包括“众包参与者网络”（自变量）、“众包交易绩效”（因变量）和“众包平台”、协同能力（调节变量）。其中调整变量“众包平台协同能力”与自变量和因变量之间没有明显关系，符合本书的研究需要，是一个理想的调整变量。这些变量大多是抽象的，不能直接量化。通过已有的研究，本书总结了自变量、因变量、调节变量的相关概念，以及作为数据获取和挖掘基础的具体量化维度。

在指标量化方面，“众包参与者网络”“众包交易绩效”“众包平台的众包能力”主要借鉴文献中涉及的“网络”“绩效”“信息平台协同能力”，根据研究目的和数据的可用性，对各变量的维度进行划分，并对各变量的维度进行重复研究，确定最能反映众包任务完成过程中相关因素的维度划分。

在样本选取方面，由于研究内容是围绕众包任务展开的，因此，以单个发布的任务和与该任务相关的各指标作为样本单元。众包活动中发包者、众包平台和接包者正是通过任务发布、任务交流和任务完成等环节而联系到一起并形成关系网络的。

3.3 变量指标的操作性界定

3.3.1 自变量：主要影响因素

本书主要研究围绕众包任务而形成的网络，这类网络的参与者主要是众包任务的发包者和接包者。对于关系网络的研究，本书主要参照 Granovetter

(1992) 提出的关系嵌入理论，即单个行动者的经济行动是嵌入行动者本人与他人互动所形成的关系网络。根据社会网络分析法可分为整体网络分析和自我中心网络分析。Borgatti 等（2003）认为整体网络分析指的是分析团队、团体、组织和社区等边缘群体对整个组织的影响；以自我为中心的网络分析是指成员与其他个体之间的关系。因此，本书的网络是以众包参与者为中心的网络，其网络属性是以众包参与者为中心的网络属性。这一层次的研究是一个嵌入式微观研究，关注社会网络对个体经济行为的影响。此外，社会网络分析方法可以分为关系导向和职位导向。关系导向关注参与者之间的关系属性，描述特定的行为和过程；定位关注的是参与者在网络中的位置对其行为的影响或限制。本书主要研究众包活动中发包者、接包者和众包平台围绕众包任务而形成的交换关系、信息交流关系、工具关系、感情关系等。

与社会网络相关的理论有“嵌入型”理论、弱关系力量理论、社会资本理论、结构洞理论等。Granovetter（1983）首次提出“嵌入型”理论和关系强度概念。嵌入型理论认为任何行为都是嵌入在网络结构中的。强关系是指在群体、组织内部的关系，而弱关系是指人们在全体或组织之间建立的联系。Granovetter 提出了通过互动的时间和频率、情感的强度、熟悉程度或信任程度以及相互交流的程度来衡量关系的强度。一般来说，对于关系较强的网络，所获得的信息是相同的、重复的；对于关系弱的网络，可以带来更多的异构信息。社会资本理论是 Bourdieu 首先提出的。社会资本通常分为三个维度：结构、关系和认知。网络结构维度是指网络成员之间连接的结构和模式，如成员之间关系的大小、成员之间的异构性、位置等。网络关系维度是指网络成员之间形成的相互关系，如强关系、弱关系、信任、通信频率等。网络认知维度是指社会资本维度，通常包括网络成员的共同价值观、共同愿景和信任。林南（2005）将社会资本分为个人资源和社会资源。前者是指个人拥有的财富、工具、自然享受、身体和知识；后者指的是嵌入在个人社会关系网络中的资源，如权利、声望、财富等。白小瑜（2009）对弱关系理论进行了进一步的研究，提出了“结构洞”理论。他认为在竞争环境中，所有参与者之间存在着薄弱环节，甚至是断开的环节，使得整个社交网络结构成为一个整体。就像洞穴一样，它是社交网络中的一个空缺，间接地拥有互补的信息或资源。弱关系理论强调关系的强度，“结构洞”强调社会结构的位置关系。

网络概念通常不能直接测量。从已有的研究成果来看，网络属性的维度描述主要有关系、结构和认知三个方面。姜晓萍和张璇（2017）认为网络关系维度是指网络成员之间的关系、沟通频率等。网络结构维度是指网络成员之间连接关系的结构和模式，如成员之间连接的大小、成员之间的异构性和位置。网络规模是指社交网络中的成员数量；对于网络中的个体来说，网络大小是指个体与网络中其他成员之间的连接数。网络密度是指个体间直接接触的平均次数与网络规模的比值；对于网络中的个体来说，网络密度可以定义为个体网络的规模与整体网络密度的比值。网络中心性是指个体处于网络中心的程度，反映了这一点在网络中的重要性。网络认知维度是指社会资本维度，通常包括网络成员的共同价值观、共同愿景和信任。

众包活动的关系网络可以看作是众包平台内的参与者之间、参与者与外部世界之间的联系。根据已有的网络维度研究成果、众包参与者对众包任务绩效影响的研究成果以及本书的研究目的，本书将主要选择网络测度中的规模、多样性、关系、信任度等反映众包参与者网络属性的维度。由于众包参与者网络主要由单个任务组成，且单个任务的持续时间较短，使得众包参与者网络成员难以形成稳定的共同认知，因此对众包网络成员的认知关系的测量涉及较少。下面从网络成员、网络规模、网络多样性、关系、联系频率和信任六个方面归纳相关自变量。

（1）网络成员。网络由许多节点组成，组成网络的节点可以是个人、团体、社区，甚至是离散的单元。其衡量主要是通过描述组织或个人的特征，如性别、年龄、受教育程度等；组织的层次结构、功能和资源。本书涉及众包参与者的个人网络，主要使用描述个人特征的维度来测量众包参与者的网络变量。结合一品威客网的数据可获取性，此处主要对众包参与者的注册时间、活跃时间、历史接包数量、历史发包数量、平均成交金额、账号等级进行测量。

（2）网络规模。网络规模是指参与者拥有的直接连接的数量，因为它更容易测量，并且经常被列为研究网络的一个重要度量。网络的规模使网络成员建立合作关系，交换和共享信息资源，实现相互沟通，增强竞争力。网络的大小影响到网络中参与者对资源的访问量，影响到整个网络资源的共享。本书中的众包参与者网络规模指的是众包平台内与参与者相关联的网络成员的数量，包括与之直接关联的其他众包参与者、众包平台的数量。此研究主要涉及单个众包平台，众包中介平台的数量为1，主要考察的是单个众包参与者与其他参与者关联的数量。

（3）网络多样性。网络多样性反映了网络成员之间的差异程度。这种差异体现在种族、民族、性别、功能、语言等方面。网络成员的多样性使网络资源实现动态互补，影响着网络的运行效率和网络合作成果的质量。众包参与者网络的多样性按接包者和发包者两类进行测量。对于接包者来说，其多样性主要选择专业背景和技术水平的多样化进行测量，这两项指标直接影响到参与者工作结果的质量和数量，而这种多样化的互补关系对参与者网络产生的影响正是本书的兴趣所在。对于发包者来说，多样性主要选择发包所属领域、发包金额、发包时间限制、发包任务描述信息详细程度进行测量，这四项指标直接影响到接包者参与任务的积极性和成效。

（4）关系。Granovetter 用四个维度来衡量网络关系的强度，即互动的频率、情感力量的强度、亲密程度和相互交流的数量。网络关系的度量项目包括网络关系的内容、密度和连接强度。目前，学者们关注和研究的网络关系包括交换关系、亲属关系、信息交换关系、情感关系、工具关系、权利关系等。关系密度是指网络中行动者与其他网络成员之间的密切程度。它是实际关系数量与理论关系数量的比较。关系强度是指行动者与网络中其他网络成员互动的频率，可分为强连接和弱连接。强连接指的是经常发生且持续的关系，弱连接指的是距离较远的关系。众包参与者网络主要考察网络成员的工作关系、信息交换关系、信任关系和联系频率。其中，由于参与者的状态不同，工作关系具有多种情况，例如同一任务的承包者与接受者之间存在雇佣关系，同一任务的接受者之间存在竞争关系。通信关系包含了大量的内容，但由于无法获得隐私相关的内容，只能获得信息交换的次数，因此，本书通过接触频率定量分析两者之间的关系。信任是衡量网络关系的一个重要指标。

（5）联系频率。网络的联系频率指的是网络中各参与主体之间交流的次数。在众包关系网络中，交流活动主要是接包者与众包平台、发包者与众包平台、接包者与发包者之间的沟通。显然，交流次数越多越有利于发包和接包双方充分了解对方的需求和情况，从而更好地促进项目完成。

（6）信任。信任是一种互惠行为。但关于信任的定义，人们有许多认识和研究。例如，Mayer 等（1995）将信任定义为基于这样一个事实：受信任的一方可能对自己采取重要行动，而依赖方无论其监控或控制受信任方的能力如何，都表现出受到伤害的意愿。罗嘉德认为信任是一种预期的观念，期望对方表现出可靠或良好的意愿。此外，信任是一个人表现出来的行为倾向或实际行为。Rampersad（2010）研究了网络层次上的信任，结果表明信任对网络协调和网络和谐有显著的影响。从已有的研究成果来看，信任研究主要包括社会学视角、微观心理学视角和社会经济视角。基于这些不同的视角，信任将个体的意志、动机和行为等特征联系起来。促进人与人之间的互动。何健和万抒（2016）认为信任在降低复杂性和提供内部安全方面发挥着重要作用。它是一个重要的指标，以确定风险和奖励因素。

信任分为基本信任、人际信任和情境信任三类。基本信任是健康人的基本要素之一，不需要任何情境参与；人际信任是基于两个或两个以上个体之间的信任；情境信任是指当情境发生时，个体认为风险小，可以获得收益，所以想要彼此信任。本书中的信任度主要考察众包实践中的参与者是否在众包活动中存在欺诈行为，主要通过众包参与者历史参与众包任务的数据以及众包参与者的账户水平来衡量。

结合上述对众包网络中各参与者的网络特征的详细论述，针对单个众包任务，本书将影响众包任务完成的因素归纳为表 3-1 中的 21 个变量。

表 3-1　自变量的测量指标

变量	计算方式
接收方案的数量	各任务对应的提交方案数
接包者注册时间	接包者的累计注册时间，截至当前项目的接包时刻
接包者活跃时间	接包者的累计活跃时间，截至当前项目的接包时刻
历史接包数量	接包者的历史接包数量，截至当前项目的接包时刻
历史成功接包数量	接包者的历史成功接包数量，截至当前项目的接包时刻
历史发包数量	发包者的历史发包数量，截至当前项目的发包时刻
历史成功发包数量	发包者的历史成功发包数量，截至当前项目的发包时刻
金额匹配度	当前任务金额/接包者的历史平均成交金额，若比值大于 1 则取倒数
时间匹配度	当前任务给定时长/接包者的历史平均完成时长，若比值大于 1 则取倒数
类别匹配度	当前任务类别与接包者历史成交最多的类别匹配取 1，否则取 0
接包者账号等级	接包者的累计账号等级，截至当前项目的接包时刻
发包者账号等级	发包者的账号等级，截至当前项目的发包时刻
接包者累计获得金额	接包者的累计成功接包金额，截至当前项目的接包时刻
任务描述详细程度	有附图或者附件的取 1，否则取 0

续表

变量	计算方式
接包者网络规模	接包者的累计关联数量，截至当前项目的接包时刻
发包者网络规模	发包者的关联数量，截至当前项目的发包时刻
历史选稿周期	发包者历史发包任务的选稿周期，对于初次发包的任务，取对应任务类别的均值
任务浏览量	任务网页被浏览的次数
发包金额	单个任务的金额，对于计件项目，需除以计件数量
任务给定时间	任务给定的完成时间要求，对于延长时间要求的项目，取延长后的时间
联系频率	任务完成过程中发包者与接包者的累计联系次数

另外，考虑到不同任务类别差异较大，为消除不同任务类别的影响，将表 3-1 中的指标（金额匹配度、时间匹配度、类别匹配度和任务描述详细程度 4 个变量由于是无量纲指标，这 4 个指标除外）均除以各任务类别对应指标的平均值。其中，平均值根据 2017 年内的数据计算得到。

3.3.2 因变量：众包任务成交绩效

绩效是个人或团队工作的成就。目前学者已开发出各种各样的绩效量表来测量公司、组织和个人的绩效。本书中众包成交绩效体现的是众包参与者网络中接包者、发包者、众包中介平台三个行动者合作的结果。

绩效的维度主要有质量、数量、人际关系等。从中国众包平台对参与者劳动结果的统计方式来看，其与学术研究中绩效划分的维度近似。关于众包任务成交绩效的界定，本书在中国众包平台对参与者劳动结果统计的表述方式进行归纳和总结研究的基础上，结合众包实践特征和绩效研究的相关文献，把众包成交绩效维度划分为众包成果数量、众包成果质量和众包成交效率。

对于单个任务来说，成交数量根据任务完成与否进行确定，完成记为 1，未完成记为 0，其中计件任务以完成比例进行量化。成交质量以发包者和接

包者对成交方案的评分进行确定，对于多个接包者的任务来说，接包者评分按照接包者所获得任务金额比例为权重进行加权计算。其中，发包者和接包者的评分规则如下：悬赏招标制交易模式下的任务共分为好评、中评和差评3个等级，好评记为2分，中评和差评分别记为1分和0分；雇佣制交易模式下的任务共分为非常满意、满意、一般、不满意和非常不满意5个等级，非常满意记为4分，满意至非常不满意分别记为3分至0分。另外，对于未成交的项目评分记为0分，对于未进行评价的成交任务，按照网站默认的规则，悬赏招标制交易模式下的任务按照好评计算，雇佣制交易模式下的任务按照满意计算。

针对悬赏招标制和雇佣制两种模式的特点，还可以分别引入其他能够反映成交绩效的因素。对于悬赏招标制来说，能够反映成交绩效的还有成交效率因素。由于悬赏招标制下的任务都会给定一个明确的时间要求，成交的任务大部分是在给定的时间内完成的，小部分任务需要延长时间。对于众包平台、接包者和发包者来说，都希望能够用尽量短的时间去完成任务，以提高效率，而且任务的完成时间会受到接包者经验、接包者能力等因素的影响。成交效率按照任务初次给定时间/成交实际花费时间计算，对于延长时间要求的任务，成交效率将小于1，对于未成交的任务，成交效率按照0计算。对于雇佣制来说，能够反映成交绩效的还有成交金额。在雇佣制模式下，成交金额是雇佣双方协商确定的，而不像悬赏招标制模式中由发包者直接确定，在协商过程中会受到雇佣双方经验、受雇者能力等因素的影响。对于众包平台来说，成交金额越高，提成收入就越多，因此有必要将成交金额纳入成交绩效的评价指标当中，对于未成交的任务，成交金额按照0计算。成交金额以发包者实际支付金额进行量化。

综合上述分析，可将反映众包任务成交绩效的因素归纳为表3-2中的测量变量。

表 3-2　因变量的测量指标

悬赏招标制	雇佣制
接包者评分	接包者评分
发包者评分	发包者评分
成交效率	成交金额

同样，考虑到不同任务类别差异较大，为消除不同任务类别的影响，本书将各测量指标（成交效率指标由于是无量纲指标，故该指标除外）除以各任务类别对应的平均值。其中，平均值根据 2017 年内的数据计算得到。

3.3.3　调节变量：众包平台协同能力

根据第 2 章中关于众包平台的概念分析，众包平台在众包活动中主要起到中介作用，包括设定众包交易模式、发挥发包者与接包者之间的沟通调解作用、设定佣金收取规则、激励发包者和接包者参与行为等。根据互联网信息平台协同能力的研究成果，从众包平台的层面来看，对于单个众包任务来说，可归纳出表 3-3 中所列出的调节变量。

表 3-3　调节变量的测量指标

变量	计算方式
众包交易模式	按照前文的分析进行分类，悬赏招标制取 1，雇佣制取 0
各类别日均发布任务数	任务发布日期的上一自然月内对应类别日均所发布的任务数量
各类别日均参与接包的人数	任务发布日期的上一自然月内对应类别日均参与接包的人数
各类别任务收取佣金比例	任务发布日期的上一自然月内对应类别任务收取佣金平均比例

本书将众包交易分为悬赏招标制和雇佣制两种模式进行研究，因此在分析变量的调节效应过程中将分析众包模式的影响；而对于佣金比例，考虑到

当前众包平台的佣金比例基本维持稳定，在同一种交易模式下，佣金比例更多的是与发包金额或者参与者账号等级挂钩，因此本书将不分析佣金比例在后续模型中的调节效应。

3.4 变量数据的抓取

在众包平台方面，目前国内规模最大的分别是猪八戒网、一品威客网和时间财富网。其中猪八戒网不仅规模大，而且涉及的模式和内容也较多，平台关系较为复杂；而时间财富网规模相对偏小，一些类别的任务日均发布数仅有个位数。综合比较后，本书选取规模适中且模式内容相对清晰的一品威客网作为数据抓取对象。截至2017年底，一品威客平台注册的威客数量超过1000万，发布任务数量超过400万个，成交金额超过80亿元。

在数据抓取方面，目前有多种方式。由于本书研究所涉及的数据量非常庞大，因此，本书采用当前在网页数据抓取方面比较有效的网络爬虫方式，该方式是一种按照一定的规则自动地抓取万维网信息的程序或者脚本。

Web爬虫程序是一个自动提取Web页面的程序。传统的爬虫程序从一个或多个初始网页的URL开始，在初始网页上获取URL。在抓取网页的过程中，不断从当前网页中提取新的URL到队列中，直到满足系统设置的停止条件。爬虫的工作流程比较复杂，需要根据一定的网页分析算法对与主题无关的链接进行过滤，保留有用的链接，放入等待抓取的URL队列中。然后，根据一定的搜索策略，从队列中选择要抓取的Web页面的URL，重复上述过程，直到满足系统设置条件时停止。此外，爬行器抓取的所有Web页面都将被系统存储、分析、过滤和索引，以便以后查询和检索。对于聚焦爬虫，该过程得到的分析结果也可以为后续的爬行过程提供反馈和指导。

相对于通用 Web 爬虫，聚焦爬虫还需要解决三个关键问题：①对抓取目标的描述或定义；②对网页或数据的分析与过滤；③对 URL 的搜索策略。

结合本书抓取数据的需要，本书最后采用聚焦爬虫的方式，借助八爪鱼采集器对一品威客网 2017 年内所有结束的任务的相应指标进行抓取。其中，雇佣交易模式的特殊性使得网站上关于雇佣任务的数据均是圆满成交的数据，而且直接雇佣模式下的任务绝大多数只雇佣一个接包者。本书共抓取了 92 万组样本，剔除数据不完整的样本，得到有效样本 84 万组，其中悬赏招标制样本 71 万组，雇佣制样本 13 万组。任务被分为设计任务、开发任务、文案任务、营销任务、装修任务、生活任务和企业服务任务 7 大类，每个大类又细分为若干小类。考虑到类别差异，本书按照小类对样本进行分析。

3.5 变量数据的统计分析

数据挖掘是从实际观测数据中发现变量的特征、变化规则以及变量之间关联的过程。本书对抓取的数据进行描述性统计、相关性分析。研究中使用的统计分析软件为 SPSS 22.0 和 AMOS 22.0。

3.5.1 描述性统计分析

描述性统计是用数学语言表述一组样本的特征或者样本各变量间关联的特征，从描述性统计分析结果可以看出样本的基本特征。不同众包交易模式下众包任务的完成过程和成交绩效差异较大，因此需要将众包任务划分为悬赏招标制和雇佣制两类进行分析。表 3-4 和表 3-5 分别是悬赏招标

制交易模式下变量的描述性统计结果和雇佣制交易模式下变量的描述性统计结果。

表 3-4　变量的描述性统计结果（悬赏招标制）

变量	均值	最小值	最大值	标准差
自变量部分				
接收方案的数量	1	0	33. 26	17. 33
接包者注册时间	1	0	18. 25	4. 92
接包者活跃时间	1	0	21. 93	4. 38
历史接包数量	1	0	8. 56	2. 47
历史成功接包数量	1	0	7. 92	2. 18
历史发包数量	1	0	3. 13	1. 43
历史成功发包数量	1	0	2. 84	1. 31
金额匹配度	0. 53	0. 04	1	0. 21
时间匹配度	0. 32	0. 11	1	0. 17
类别匹配度	0. 67	0	1	0. 19
接包者账号等级	1	0	8. 29	3. 19
发包者账号等级	1	0. 13	6. 26	1. 83
接包者累计获得金额	1	0	79. 34	28. 73
任务描述详细程度	0. 42	0	1	0. 41
接包者网络规模	1	0	10. 37	4. 92
发包者网络规模	1	0	5. 38	1. 84
历史选稿周期	1	0. 02	17. 26	7. 32
任务浏览量	1	0	5. 21	1. 85
发包金额	1	0. 07	21. 85	16. 38
任务给定时间	1	0. 06	18. 93	5. 83
联系频率	1	0	8. 42	2. 18
因变量部分				
接包者评分	1	0	1. 12	0. 11
发包者评分	1	0	1. 22	0. 18
成交效率	4. 29	0. 28	135. 15	20. 27

续表

变量	均值	最小值	最大值	标准差
调节变量部分				
各类别日均发布任务数	24.16	5	63	23.65
各类别日均参与接包的人数	142.53	28	481	118.94

从表 3-4 可以看出，悬赏招标制交易模式下的任务自变量波动范围较大，一些比较受欢迎的任务受关注度强，接收方案的数量较多；而一些冷门的任务，关注量和接收方案数量几乎为零。金额匹配度均值为 0.53，说明接包者在接包过程中偏向于自己能够胜任的金额区间，接包金额的区间相对固定。时间匹配度均值为 0.32，说明接包者在接包过程中对任务给定的时间要求也存在一定的偏向，接包任务的时间区间也相对固定。类别匹配度均值为 0.67，说明接包者在接包过程中偏向于自己擅长的类别，接包任务的类别相对固定。在任务描述详细程度方面，有 42%的任务有附图或者附件。任务成交效率的均值为 4.29，平均来看任务完成时间一般占给定时间的 23%。接包者评分的最大值为 1.12，接近平均值，说明平均值较高，即接包者的评分以好评为主。发包者评分的最大值大于接包者评分的最大值，说明接包者的评分整体低于发包者。各类别日均发布任务 24.16 件，各类别日均参与接包的人数为 142.53 人。

表 3-5　变量的描述性统计结果（雇佣制）

变量	均值	最小值	最大值	标准差
自变量部分				
接收方案的数量	1	1	12	0.12
接包者注册时间	1	0.03	13.72	3.91
接包者活跃时间	1	0.04	15.93	4.26
历史接包数量	1	0	6.23	2.28

续表

变量	均值	最小值	最大值	标准差
自变量部分				
历史成功接包数量	1	0	4.27	1.73
历史发包数量	1	0	2.73	0.61
历史成功发包数量	1	0	2.53	0.47
金额匹配度	0.72	0.17	1	0.16
时间匹配度	0.66	0.15	0.99	0.17
类别匹配度	0.85	0	1	0.07
接包者账号等级	1	0.08	5.73	1.83
发包者账号等级	1	0.16	4.27	1.37
接包者累计获得金额	1	0	58.37	21.38
任务描述详细程度	0.02	0	1	0.03
接包者网络规模	1	0	6.38	1.81
发包者网络规模	1	0	4.26	0.41
历史选稿周期	1	0.09	8.31	3.13
任务浏览量	1	0.64	1.56	1.32
发包金额	1	0.09	12.83	5.28
任务给定时间	1	0.07	16.16	4.12
联系频率	1	0.06	6.21	1.80
因变量部分				
接包者评分	1	0	1.05	0.03
发包者评分	1	0	1.10	0.07
成交金额	1	0.06	31.83	17.27
调节变量部分				
各类别日均发布任务数	22.72	13	112	16.14
各类别日均参与接包的人数	26.16	13	131	17.06

从表3-5可以看出，雇佣制交易模式下的任务多数只雇佣一个接包者。由于只有成交的数据才会在网站上进行交易，因此在雇佣制交易模式下，任务的整体成交率为100%。金额匹配度均值为0.72，说明受雇者在接包过程

中偏向于自己能够胜任的金额区间，接包金额的区间相对固定。时间匹配度均值为 0.66，说明受雇者在接包过程中对任务给定的时间要求也存在一定的偏向，接包任务的时间区间也相对固定。类别匹配度均值为 0.85，说明受雇者在接包过程中偏向于自己擅长的类别，接包任务的类别相对固定。在任务描述详细程度方面，仅有 2%的任务有附图或者附件，这主要是由于雇佣制模式下，雇佣双方达成雇佣协议后，基本通过众包平台或者其他通信方式进行联系，所以对任务描述的要求较低，绝大多数任务只有简单的说明。成交金额最小值和最大值分别为 0.06 和 31.83，说明同一类别下，成交金额波动较大。接包者评分的最大值为 1.05，接近平均值，说明平均值较高，即接包者的评分以好评为主。发包者评分的最大值大于接包者评分的最大值，说明接包者的评分整体低于发包者。各类别日均发布任务 22.72 件，各类别日均参与接包的人数为 26.16 人，接包人数与发包人数相差较小。

3.5.2 相关性分析

为初步探索各变量之间的相关关系，在上述描述性统计分析的基础上，计算各变量之间的皮尔逊相关系数。悬赏招标制和雇佣制中自变量、调节变量与因变量的相关系数汇总分别见表 3-6 和表 3-7。对于雇佣制来说，由于接收方案的数量几乎为 1，任务描述详细程度取值基本为 0，发包金额和任务给定时间是雇佣双方协商确定的，因此，本章不分析这 4 个自变量与因变量之间的相关关系，下文也将不再分析这 4 个自变量对因变量的影响。

表 3-6 自变量、调节变量与因变量的相关系数（悬赏招标制）

变量	接包者评分	发包者评分	成交效率
接收方案的数量	0.326	0.617**	0.638***
接包者注册时间	0.518**	0.441*	0.537**

续表

变量	接包者评分	发包者评分	成交效率
接包者活跃时间	0.574**	0.621***	0.529**
历史接包数量	0.427*	0.472*	0.521*
历史成功接包数量	0.628***	0.806***	0.792***
历史发包数量	0.419*	0.523**	0.537**
历史成功发包数量	0.531**	0.632***	0.661***
金额匹配度	0.805***	0.713***	0.657***
时间匹配度	0.462*	0.485*	0.381
类别匹配度	0.672***	0.537***	0.518***
接包者账号等级	0.619***	0.548***	0.671***
发包者账号等级	0.626***	0.581***	0.217
接包者累计获得金额	0.517***	0.437**	0.554***
任务描述详细程度	0.426*	0.375	0.618***
接包者网络规模	0.481*	0.517*	0.638***
发包者网络规模	0.374	0.415	0.186
历史选稿周期	-0.586**	-0.172	-0.162
任务浏览量	0.292	0.435*	0.546**
发包金额	0.527***	0.412*	0.577***
任务给定时间	0.303	0.271	0.638*
联系频率	0.539***	0.483**	0.433*
各类别日均发布任务数	0.264	0.341	0.294
各类别日均参与接包的人数	0.281	0.372	0.405

注：* 表示 10%显著水平，** 表示 5%显著水平，*** 表示 1%显著水平。

从表 3-6 中可以看出，多数自变量与因变量之间存在显著的相关关系。其中，接包者注册时间、接包者活跃时间、历史成功接包数量、历史成功发包数量、金额匹配度、类别匹配度、接包者账号等级、发包者账号等级、接包者累计获得金额、历史选稿周期、发包金额、联系频率与接包者评分在

5%临界水平下（5%和1%）存在显著相关性。接收方案的数量、接包者活跃时间、历史成功接包数量、历史发包数量、历史成功发包数量、金额匹配度、类别匹配度、接包者账号等级、发包者账号等级、接包者累计获得金额、联系频率与接包者评分在5%临界水平下（5%和1%）存在显著相关性。接收方案的数量、接包者注册时间、接包者活跃时间、历史成功接包数量、历史发包数量、历史成功发包数量、金额匹配度、类别匹配度、接包者账号等级、接包者累计获得金额、任务描述详细程度、接包者网络规模、任务浏览量、发包金额与成交效率在5%临界水平下（5%和1%）存在显著相关性。另外，可以看出，调节变量与因变量之间并不存在明显的相关关系。

表3-7　自变量、调节变量与因变量的相关系数（雇佣制）

变量	接包者评分	发包者评分	成交金额
接包者注册时间	0.418**	0.481*	0.535**
接包者活跃时间	0.574***	0.521***	0.315
历史接包数量	0.427*	0.552***	0.458*
历史成功接包数量	0.528***	0.636***	0.533***
历史发包数量	0.419*	0.523**	-0.261
历史成功发包数量	0.531***	0.632***	0.118
金额匹配度	0.605***	0.613***	0.264
时间匹配度	0.462***	0.585***	0.167
类别匹配度	0.672***	0.637***	0.461*
接包者账号等级	0.519***	0.548***	0.546***
发包者账号等级	0.426**	0.581***	0.235
接包者累计获得金额	0.581***	0.466**	0.475***
接包者网络规模	0.481*	0.517***	0.577***
发包者网络规模	0.474	0.415	0.166
历史选稿周期	-0.486*	-0.372	-0.252
任务浏览量	0.292	0.335	0.157

续表

变量	接包者评分	发包者评分	成交金额
联系频率	0.439	0.353	0.331
各类别日均发布任务数	0.264	0.341	0.167
各类别日均参与接包的人数	0.381	0.372	0.284

注：* 表示 10%显著水平，** 表示 5%显著水平，*** 表示 1%显著水平。

从表 3-7 中可以看出，多数自变量与因变量之间存在显著的相关关系。其中，接包者注册时间、接包者活跃时间、历史成功接包数量、历史成功发包数量、金额匹配度、时间匹配度、类别匹配度、接包者账号等级、发包者账号等级、接包者累计获得金额与接包者评分在 5%临界水平下（5%和 1%）存在显著相关性。接包者活跃时间、历史接包数量、历史成功接包数量、历史发包数量、历史成功发包数量、金额匹配度、时间匹配度、类别匹配度、接包者账号等级、发包者账号等级、接包者累计获得金额、接包者网络规模与接包者评分在 5%临界水平下（5%和 1%）存在显著相关性。接包者注册时间、历史成功接包数量、接包者账号等级、接包者累计获得金额、接包者网络规模与成交效率在 5%临界水平下（5%和 1%）存在显著相关性。另外，可以看出，调节变量与因变量之间并不存在明显的相关关系。

3.6 本章小结

本章通过数据挖掘，对影响众包任务成交绩效的主要因素进行了探索性分析。首先，对当前众包平台中众包任务的主要交易模式进行了归类，结合各交易模式的特点将其归纳为悬赏招标制交易模式和雇佣制交易模式。其次，以单个任务为样本单元，尝试对众包任务的各因素进行量化，确定对应的量化指标。分别从自变量（主要影响因素）、因变量（成交绩效）和调节变量（平台协同）对各变量指标进行操作性界定。共归纳了接收方案的数量、接包者注册时间、接包者活跃时间、历史接包数量、历史成功接包数量、历史发包数量、历史成功发包数量、金额匹配度、时间匹配度、类别匹配度、接包者账号等级、发包者账号等级、接包者累计获得金额、任务描述详细程度、接包者网络规模、发包者网络规模、历史选稿周期、任务浏览量、发包金额、任务给定时间和联系频率 21 个自变量。悬赏招标制模式下归纳了接包者评分、发包者评分和成交效率 3 个因变量；雇佣制模式下归纳了接包者评分、发包者评分和成交金额 3 个因变量。此处还归纳了各类别日均发布任务数和各类别日均参与接包的人数 2 个调节变量。再次，在变量指标界定的基础上，借助八爪鱼采集器对一品威客网 2017 年内所有结束的任务的相应指标进行了抓取。最后，对抓取的数据进行归纳整理，并运用描述性统计分析和相关性分析对数据进行了初步的统计分析。多数自变量与因变量之间存在显著的相关关系，而调节变量与因变量之间并不存在明显的相关关系。

第4章　众包任务成交绩效影响机制分析

第3章对影响众包任务成交绩效的因素进行了梳理，共归纳了接收方案数量、历史成功接包数量、发包者账号等级、金额匹配度、类别匹配度、联系频率等21个主要影响因素，并初步分析了这些因素与众包平台成交绩效各维度的关联性。本章将进一步探索这些影响因素对众包任务成交绩效的具体影响机制，以更好地为众包平台运行机制的优化提供参考。

4.1　研究设计

4.1.1　探索性因子分析

第3章分别从网络成员、网络规模、网络多样性、关系、联系频率和信任六个方面归纳了21个变量。如果直接分析这些变量对因变量的影响，一是自变量过多，使得影响关系错综复杂，不利于解释具体影响过程；二是这些变量之间可能会存在较强的共线性，影响最后的分析结果。因此，在分析各因素对众包任务成交绩效的影响之前，本书先对前文归纳的主要影响变量进行探索性因子分析，以对21个变量进行初步梳理和归纳，为后续结构方程的构建建立基础。鉴于历史选稿周期在悬赏招标制和雇佣制模式下都与成交绩效呈负相关，因此在因子分析之前需要对该变量进行正向化处理，即取该变量的负数。具体的因子分析结果见表4-1和表4-3。另外，考虑到雇佣制模式下，接收方案的数量基本为1，任务描述程度取值基本为0，发包金额和任务给定时间是由雇佣双方协商确定的，这些变量对成交绩效影响均较小，本书将不分析这4个变量对成交绩效的影响，因此，表4-3中只对另外17个影响变量进行了因子分析。

表4-1　变量的因子分析结果（悬赏招标制）

变量	因子载荷1	因子载荷2	因子载荷3	因子载荷4	因子载荷5	因子载荷6
接收方案的数量	0.051	0.307	**0.797**	0.037	0.147	0.236
接包者注册时间	**0.597**	0.127	0.062	0.417	0.315	0.138
接包者活跃时间	**0.732**	0.112	0.181	0.073	0.482	0.323
历史接包数量	**0.804**	0.072	0.018	0.337	0.182	0.137
历史成功接包数量	0.393	0.084	0.074	**0.731**	0.466	0.345
历史发包数量	0.032	**0.652**	0.374	0.484	0.184	0.247
历史成功发包数量	0.263	**0.804**	0.075	0.282	0.081	0.348
金额匹配度	0.217	0.094	0.119	0.388	**0.683**	0.173
时间匹配度	0.173	0.234	0.187	0.362	**0.575**	0.247
类别匹配度	0.374	0.173	0.239	0.183	**0.726**	0.211
接包者账号等级	0.174	0.435	0.083	**0.672**	0.187	0.072
发包者账号等级	0.095	**0.754**	0.038	0.183	0.088	0.193
接包者累计获得金额	0.418	0.284	0.082	**0.582**	0.241	0.048
任务描述程度	0.134	0.418	0.127	0.224	0.138	**0.566**
接包者网络规模	**0.748**	0.147	0.183	0.076	0.081	0.177
发包者网络规模	0.251	**0.821**	0.152	0.077	0.069	0.228

续表

变量	因子载荷 1	因子载荷 2	因子载荷 3	因子载荷 4	因子载荷 5	因子载荷 6
历史选稿周期	0.103	0.134	0.284	0.019	0.235	**0.677**
任务浏览量	0.181	0.234	**0.673**	0.074	0.027	0.073
发包金额	0.145	0.317	**0.843**	0.168	0.087	0.274
任务给定时间	0.077	0.273	0.371	0.288	0.385	0.188
联系频率	0.099	0.132	0.371	0.218	0.218	**0.758**

由表 4-1 可知，21 个变量可以归纳为 6 类，此时累计方差解释程度达到 65.6%，其中任务给定时间变量在任何一个因子维度下的因子载荷均小于 0.5，说明该变量未被归纳至 6 个因子的任何一个因子中，需单独进行分析。接下来，重新对被归类的 20 个变量再进行因子分析，分析结果见表 4-2。

表 4-2　变量的因子分析结果（悬赏招标制，修正后）

变量	因子载荷 1	因子载荷 2	因子载荷 3	因子载荷 4	因子载荷 5	因子载荷 6
接收方案的数量	0.043	0.338	**0.778**	0.039	0.132	0.234
接包者注册时间	**0.572**	0.133	0.067	0.365	0.299	0.149
接包者活跃时间	**0.756**	0.112	0.197	0.080	0.526	0.361
历史接包数量	**0.739**	0.079	0.220	0.338	0.172	0.135
历史成功接包数量	0.407	0.179	0.075	**0.759**	0.473	0.375
历史发包数量	0.037	**0.658**	0.331	0.442	0.173	0.259
历史成功发包数量	0.305	**0.802**	0.081	0.300	0.071	0.366
金额匹配度	0.180	0.088	0.125	0.436	**0.754**	0.186
时间匹配度	0.200	0.215	0.201	0.376	**0.524**	0.249
类别匹配度	0.313	0.190	0.235	0.204	**0.781**	0.200
接包者账号等级	0.170	0.430	0.083	**0.648**	0.202	0.074
发包者账号等级	0.083	**0.678**	0.039	0.189	0.091	0.185
接包者累计获得金额	0.422	0.297	0.085	**0.653**	0.257	0.052

续表

变量	因子载荷 1	因子载荷 2	因子载荷 3	因子载荷 4	因子载荷 5	因子载荷 6
任务描述程度	0.153	0.373	0.132	0.197	0.140	**0.524**
接包者网络规模	**0.805**	0.134	0.197	0.084	0.076	0.190
发包者网络规模	0.226	**0.724**	0.155	0.384	0.064	0.220
历史选稿周期	0.112	0.124	0.263	0.017	0.241	**0.719**
任务浏览量	0.179	0.232	**0.712**	0.068	0.026	0.081
发包金额	0.148	0.338	**0.748**	0.183	0.089	0.253
联系频率	0.083	0.148	0.366	0.211	0.237	**0.767**

表4-2 中 20 个变量可被归纳为 6 类，此时累计方差解释程度达到 68.2%。其中，接包者注册时间、接包者活跃时间、历史接包数量和接包者网络规模 4 个变量被归为一类，这 4 个变量主要反映接包者在众包平台接包过程中积累的经验，可将这 4 个变量对应的因子定义为接包者经验。历史发包数量、历史成功发包数量、发包者账号等级和发包者网络规模 4 个变量被归为一类，这 4 个变量主要反映发包者在众包平台发包过程中积累的经验，可将这 4 个变量对应的因子定义为发包者经验。接收方案的数量、任务浏览量和发包金额 3 个变量被归为一类，接收方案的数量和任务浏览量体现的是当前任务吸引的关注度情况，发包金额是众包任务吸引关注的主要因素，因此可以将这 3 个变量对应的因子定义为众包任务关注度。历史成功接包数量、接包者账号等级和接包者累计获得金额 3 个变量被归为一类，这 3 个变量主要反映接包者的接包能力，可将这 3 个变量对应的因子定义为接包者能力。金额匹配度、时间匹配度和类别匹配度 3 个变量被归为一类，这 3 个变量主要反映任务与接包者的匹配程度，因此可以将这 3 个变量对应的因子定义为匹配度。任务描述程度、历史选稿周期和联系频率 3 个变量被归为一类，任务描述程度一般与发包者重视程度相关，历史选稿周期越短说明发包者对众包过程越重视，参与程度越高，同样联系频率也主要取决于发包者的

重视程度和参与程度，因此可以将这 3 个变量对应的因子定义为发包者重视程度。

因此，在悬赏招标制模式下，影响众包任务成交绩效的主要因素可以归纳为接包者经验、发包者经验、众包任务关注度、接包者能力、匹配度和发包者重视程度 6 个方面。

表 4-3　变量的因子分析结果（雇佣制）

变量	因子载荷 1	因子载荷 2	因子载荷 3	因子载荷 4
接包者注册时间	**0.541**	0.195	0.467	0.354
接包者活跃时间	**0.725**	0.277	0.091	0.145
历史接包数量	**0.624**	0.394	0.033	0.138
历史成功接包数量	0.184	0.081	**0.688**	0.294
历史发包数量	0.031	**0.702**	0.465	0.191
历史成功发包数量	0.321	**0.737**	0.383	0.333
金额匹配度	0.443	0.097	0.356	**0.724**
时间匹配度	0.237	0.284	0.093	**0.583**
类别匹配度	0.383	0.193	0.248	**0.827**
接包者账号等级	0.211	0.462	**0.757**	0.094
发包者账号等级	0.142	**0.714**	0.204	0.243
接包者累计获得金额	0.348	0.238	**0.628**	0.284
接包者网络规模	**0.679**	0.127	0.282	0.199
发包者网络规模	0.379	**0.724**	0.123	0.209
历史选稿周期	0.428	0.144	0.320	0.342
任务浏览量	0.034	0.392	0.288	0.420
联系频率	0.338	0.147	0.281	0.378

由表 4-3 可知，17 个变量可以归纳为 4 类，此时累计方差解释程度达到 60.3%。其中，历史选稿周期、任务浏览量和联系频率 3 个变量在任何一个因子维度下的因子载荷均小于 0.5，说明这 3 个变量未被归纳至 4 个因子的

任何一个因子中，需单独进行分析。接下来重新对被归类的 14 个变量再进行因子分析，分析结果见表 4-4。

表 4-4　变量的因子分析结果（雇佣制，修正后）

变量	因子载荷 1	因子载荷 2	因子载荷 3	因子载荷 4
接包者注册时间	**0.542**	0.197	0.474	0.383
接包者活跃时间	**0.768**	0.244	0.097	0.142
历史接包数量	**0.721**	0.398	0.035	0.153
历史成功接包数量	0.166	0.080	**0.747**	0.318
历史发包数量	0.024	**0.621**	0.416	0.175
历史成功发包数量	0.259	**0.796**	0.389	0.300
金额匹配度	0.288	0.098	0.376	**0.726**
时间匹配度	0.282	0.289	0.089	**0.583**
类别匹配度	0.144	0.170	0.263	**0.814**
接包者账号等级	0.254	0.429	**0.725**	0.082
发包者账号等级	0.170	**0.750**	0.196	0.214
接包者累计获得金额	0.280	0.245	**0.668**	0.287
接包者网络规模	**0.688**	0.117	0.264	0.193
发包者网络规模	0.396	**0.734**	0.134	0.207

由表 4-4 可知，14 个变量被归纳为 4 类，此时累计方差解释程度达到 71.7%。其中，接包者注册时间、接包者活跃时间、历史接包数量和接包者网络规模 4 个变量被归为一类，这 4 个变量主要反映接包者在众包平台接包过程中积累的经验，可将这 4 个变量对应的因子定义为接包者经验。历史发包数量、历史成功发包数量、发包者账号等级和发包者网络规模 4 个变量被归为一类，这 4 个变量主要反映发包者在众包平台发包过程中积累的经验，可将这 4 个变量对应的因子定义为发包者经验。历史成功接包数量、接包者账号等级和接包者累计获得金额 3 个变量被归为一类，这 3 个变量主要反映

接包者的接包能力，可将这 3 个变量对应的因子定义为接包者能力。金额匹配度、时间匹配度和类别匹配度 3 个变量被归为一类，这 3 个变量主要反映任务与接包者的匹配程度，因此可以将这 3 个变量对应的因子定义为匹配度。

因此，在雇佣制模式下，影响众包任务成交绩效的主要因素可以归纳为接包者经验、发包者经验、接包者能力、匹配度 4 个方面。

4.1.2　结构方程的设定

为便于表述，接下来对上文归纳的 21 个自变量、4 个因变量、2 个调节变量和 7 个归类变量按照表 4-5 中的规则进行简记。其中，因变量归纳为成交绩效。

表 4-5　各变量的简记

变量	简记	变量	简记
接包者评分	RS	接包者累计获得金额	RAA
发包者评分	SS	任务描述程度	TDL
成交效率	TE	接包者网络规模	SRN
成交金额	TA	发包者网络规模	SSN
成交绩效	CP	历史选稿周期	HSC
接收方案的数量	NRS	任务浏览量	TV
接包者注册时间	RT	发包金额	CA
接包者活跃时间	AT	任务给定时间	TST
历史接包数量	HNR	联系频率	CF
历史成功接包数量	HNSR	各类别日均发布任务数	DNP
历史发包数量	HNA	各类别日均参与接包的人数	DNR
历史成功发包数量	HNSA	接包者经验	RE
金额匹配度	AMD	发包者经验	SE
时间匹配度	TMD	众包任务关注度	TF

续表

变量	简记	变量	简记
类别匹配度	CMD	接包者能力	RA
接包者账号等级	RAL	匹配度	MD
发包者账号等级	SAL	发包者重视程度	SA

考虑到悬赏招标制和雇佣制两种模式的差异，在结构方程分析过程中将分开进行分析。

4.1.2.1　悬赏招标制的结构方程设定

根据探索性因子分析，接包者经验由接包者注册时间、接包者活跃时间、历史接包数量和接包者网络规模 4 个维度构成。对于接包者来说，如何更准确地选择到自己能够胜任而且性价比较高的任务，经验是非常重要的，包括如何与发包者进行沟通、在什么时间节点进行投标、投标方式、选择什么类别的任务等。在这个选择过程中，经验越丰富的接包者，一般更容易选择到金额、时间和类别较为匹配的任务，从而提高接包的成功率。另外，经验越丰富的接包者在任务完成、与发包者沟通、完成效率方面都相对占优。

因此，提出以下假设：

H1：接包者经验对成交绩效存在明显的正向影响，即接包者经验越丰富，成交绩效越高。

H2：接包者经验对任务匹配度存在正向影响，并会通过任务匹配度对成交绩效产生正向影响。

发包者经验由历史发包数量、历史成功发包数量、发包者账号等级和发包者网络规模 4 个维度构成。对于发包者来说，如何花钱少、速度快、质量高地通过众包平台解决自己的问题是其关注的核心。而众包平台上接包者和发包者众多，平台网络结构错综复杂，要想更好地达到花钱少、速度快、质量高的目的，显然经验是十分重要的。一是经验丰富的发包者会结合市场的行情给出相对合适的定价、时间要求等关键参数，这样可以确保自己的任务更容易找到合适的接包者并得到满意的完成方案；二是经验丰富的发包者在挑选接包者过程中会考虑任务与接包者的匹配情况，一般来说，任务与接包者匹配度越高，任务被按期高质量完成的可能性就越高；三是经验丰富的发包者会通过任务标题、任务金额设定、任务发布时段、自己的网络规模来吸引关注度，从而提高自己的项目被接包者关注与参与的程度。

因此，提出以下假设：

H3：发包者经验对成交绩效存在明显的正向影响，即发包者经验越丰富，成交绩效越高。

H4：发包者经验对任务匹配度存在正向影响，并会通过任务匹配度对成交绩效产生正向影响。

H5：发包者经验对任务的关注度存在明显的正向影响，并会通过任务关注度对成交绩效产生正向影响。

众包任务关注度由接收方案的数量、任务浏览量和发包金额 3 个维度构成。关注度是众包任务成交的前提，只有吸引足够多关注度的任务才有可能被完成。对于成交绩效来说，第一，关注度高的任务中，发包者更容易挑选出合适的接包者，从而提高发包者的满意度；第二，关注度高的项目一般是性价比偏高的项目，接包者如果能够成功接包，相应地也会给出较高的满意度评分；第三，关注度高的项目更容易形成任务与接包者匹配度高的组合，相应的成交效率也有一定的保障。

因此，提出以下假设：

H6：任务关注度对成交绩效存在明显的正向影响，即任务的关注度越高，成交绩效越高。

H7：任务关注度对任务匹配度存在正向影响，并会通过任务匹配度对成交绩效产生正向影响。

接包者能力由历史成功接包数量、接包者账号等级和接包者累计获得金额 3 个维度构成。相对来说，能力越高的接包者，完成众包任务的能力越强，即完成相同难度任务的速度更快、质量更高。在众包交易过程中，能力越强的接包者参与接包，越能快速给出高质量的完成方案，从而提高发包者的发包体验，而且还能够提高平台整体的成交效率。

因此，提出以下假设：

H8：接包者能力对成交绩效存在明显的正向影响，即接包者能力越强，成交绩效越高。

匹配度由金额匹配度、时间匹配度和类别匹配度 3 个维度构成。虽然在众包平台中，接包者众多，但是从统计数据上来看，这些接包者大多具有明显的特征，他们历史参与的接包任务往往具有明显的金额区间、时间区间和类别特征。这主要是由于个体或者团队通常有自己擅长的领域，他们在接包过程中会优先选择匹配度较高、自己能够胜任的任务去参与，以提高自己的中标率。反过来，匹配度越高，说明任务与接包者之间的匹配程度越好，接包者在参与过程中体验会更好，发包者更容易获取高质量的完成方案，平台整体的接包效率也会提高。

因此，提出以下假设：

H9：匹配度对成交绩效存在明显的正向影响，即匹配度越高，成交绩效越高。

发包者重视程度由任务描述程度、历史选稿周期和联系频率 3 个维度构成。第一，重视程度越高的发包者，在任务描述方面通常会更详细，这能够很好地帮助接包者理解任务，从而更好地完成任务。第二，重视程度高的发包者，通常愿意花费更多的时间与接包者进行沟通，这对接包者理解任务内容和要求也有很好的帮助，从而更利于接包者完成任务。第三，重视程度越高的发包者，关注众包任务进展的频率相对越高，当众包任务收到满意的方案时，发包者能够更快地挑选出合适的方式，从而缩短选稿周期，提高接包者的参与体验。

因此，提出以下假设：

H10：发包者重视程度对成交绩效存在明显的正向影响，即发包者重视程度越高，成交绩效越高。

为考虑众包平台的调节效应，本书还引入了各类别日均发布任务数和各类别日均参与接包的人数两个调节变量。经验丰富的接包者可以在众多任务中选择适合自己的任务，但这需要一个前提，就是发布的任务数量需要达到一定的量，否则就不存在挑选空间。

因此，提出以下假设：

H11：接包者经验对成交绩效的影响会受到各类别日均发布任务数的调节。

经验丰富的发包者可以在众多接包者中挑选出合适的接包者，但这同样需要一个前提，就是参与接包的人数需要达到一定的数量，否则挑选空间将十分有限。

因此，提出以下假设：

H12：发包者经验对成交绩效的影响会受到各类别日均参与接包人数的调节。

接包者能力发挥越充分，发包者、接包者和众包平台都能受益，但接包者能力的发挥需要有合适的任务。显然，日均发布的任务量越多，接包者越能匹配到合适的任务，这样才更有利于接包者能力的发挥。

因此，提出以下假设：

H13：接包者能力对成交绩效的影响会受到各类别日均发布任务数的调节。

相对来说，发包者重视程度越高，则越能快速地找到合适的接包者和任务完成方案，而这个过程与参与接包的人数息息相关。

因此，提出以下假设：

H14：发包者重视程度对成交绩效的影响会受到各类别日均接包人数的调节。

结合探索性因子分析和上述假设，可设定如图 4-1 所示的结构方程框架。

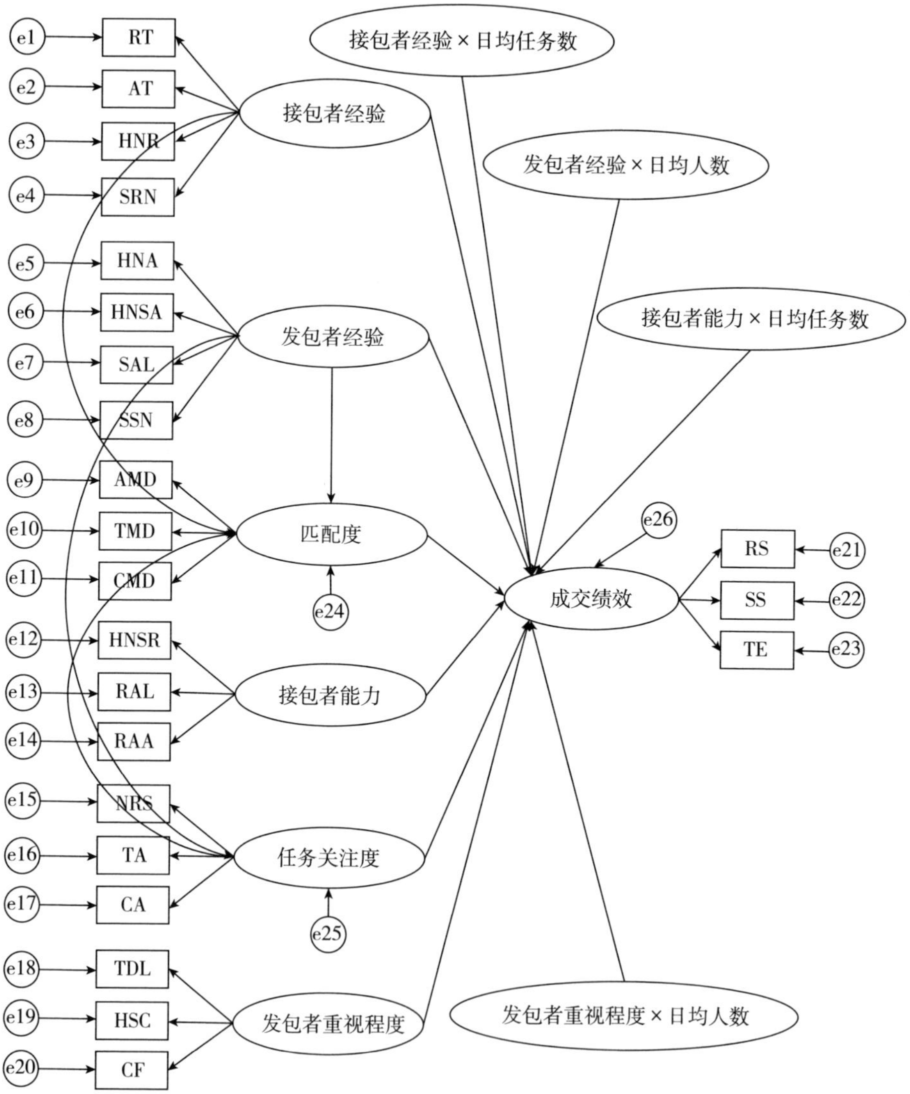

图 4-1　结构方程的初步框架（悬赏招标制）

4.1.2.2 雇佣制的结构方程设定

在雇佣制模式下，接包者经验仍由接包者注册时间、接包者活跃时间、历史接包数量和接包者网络规模 4 个维度构成。对于接包者来说，如何更容易被雇主挖掘并雇佣、如何判断一个任务是否值得选择是其关注的核心，在这个过程中，经验是非常重要的，包括如何与发包者进行沟通，如何展示自己的特长，如何展示以往成功的案例，如何与发包者协商金额和时间等。在展示过程中，经验丰富的接包者，一般会准确地展示自己的擅长领域，详细地展示自己以往的成功案例，从而提高被雇佣的可能性。在协商过程中，经验越丰富的接包者可以更准确地判断任务是否值得去做，如果值得去做，应该获取怎样的报酬等。另外，经验越丰富的接包者在任务完成、与发包者沟通、完成效率方面都相对占优。这些过程和因素都会在一定程度上对众包平台的成交绩效产生影响。

因此，提出以下假设：

H1：接包者经验对成交绩效存在明显的正向影响，即接包者经验越丰富，成交绩效越高。

发包者经验由历史发包数量、历史成功发包数量、发包者账号等级和发包者网络规模 4 个维度构成。对于发包者来说，如何花钱少、速度快、质量高地通过众包平台解决自己的问题是其关注的核心。而众包平台上接包者和发包者众多，平台网络结构错综复杂，要想更好地达到花钱少、速度快、质量高的目的，显然经验是十分重要的。一是经验丰富的发包者在挑选接包者过程中会考虑任务与接包者的匹配情况，一般来说，任务与接包者匹配度越高，任务被按期高质量完成的可能性越高；二是经验丰富的发包者会结合任务的难易程度以及跟接包者协商情况，给出相对合适的定价、时间要求等关键参数，这样可以确保自己的任务能够被保质保量地完成；三是经验丰富的发包者会通过自己的网络规模等挑选接包者，从而扩大接包者的挑选范围和提高精确度。

因此，提出以下假设：

H2：发包者经验对成交绩效存在明显的正向影响，即发包者经验越丰富，成交绩效越高。

H3：发包者经验对任务匹配度存在正向影响，并会通过任务匹配度对成交绩效产生正向影响。

接包者能力由历史成功接包数量、接包者账号等级和接包者累计获得金额3个维度构成。相对来说，能力越高的接包者，完成众包任务的能力越强。即完成相同难度任务的速度更快、质量更高。在众包交易过程中，能力越强的接包者参与接包，越能快速地给出高质量的完成方案，从而提高发包者的发包体验，而且还能够提高平台整体的成交效率。

因此，提出以下假设：

H4：接包者能力对成交绩效存在明显的正向影响，即接包者能力越强，成交绩效越高。

匹配度由金额匹配度、时间匹配度和类别匹配度3个维度构成。虽然在众包平台中接包者众多，但是从统计数据上来看，这些接包者大多具有明显的特征，他们历史参与的接包任务往往具有明显的金额区间、时间区间和类别特征。这主要是由于个体或者团队通常有自己擅长的领域，他们在接包过程中会优先选择匹配度较高、自己能够胜任的任务去参与，以提高自己的中标率。反过来，匹配度越高，说明任务与接包者之间的匹配程度越好，接包者在参与过程中体验会更好，发包者更容易获取高质量的完成方案，平台整体的接包效率也会提高。

因此，提出以下假设：

H5：匹配度对成交绩效存在明显的正向影响，即匹配度越高，成交绩效越高。

为考虑众包平台的调节效应，本书还引入了各类别日均发布任务数和各

类别日均参与接包的人数两个调节变量。经验丰富的接包者可以在多个任务中选择适合自己的任务，但是这需要一个前提，就是发布的任务数量需要达到一定的量，使得接包者可以在相同时间段内接到多个雇佣任务，否则就不存在挑选空间。

因此，提出以下假设：

H6：接包者经验对成交绩效的影响会受到各类别日均发布任务数的调节。

经验越丰富的发包者，可以在众多接包者中挑选出合适的接包者，但这同样需要一个前提，就是参与接包的人数需要达到一定的数量，否则就不存在挑选空间。

因此，提出以下假设：

H7：发包者经验对成交绩效的影响会受到各类别日均参与接包人数的调节。

接包者能力发挥越充分，发包者、接包者和众包平台都能受益，但接包者能力的发挥需要有合适的任务。显然，日均发布的任务量越多，接包者匹配到合适任务的可能性越大，这样才更有利于接包者能力的发挥。

因此，提出以下假设：

H8：接包者能力对成交绩效的影响会受到各类别日均发布任务数的调节。

结合探索性因子分析和上述假设，可设定如图 4-2 所示的结构方程框架。

4.1.3　验证性因子分析

4.1.3.1　悬赏招标制

为进一步验证各观测变量对潜变量的测量效度，下面将对图 4-1 中的潜变量逐一进行验证性因子分析。

对于接包者经验，先利用抓取和整理的 77 万组样本按照预先划分的维度构建初始结构方程模型，然后运用验证性因子分析（CFA）对其进行效度检验，最终得到表 4-6。

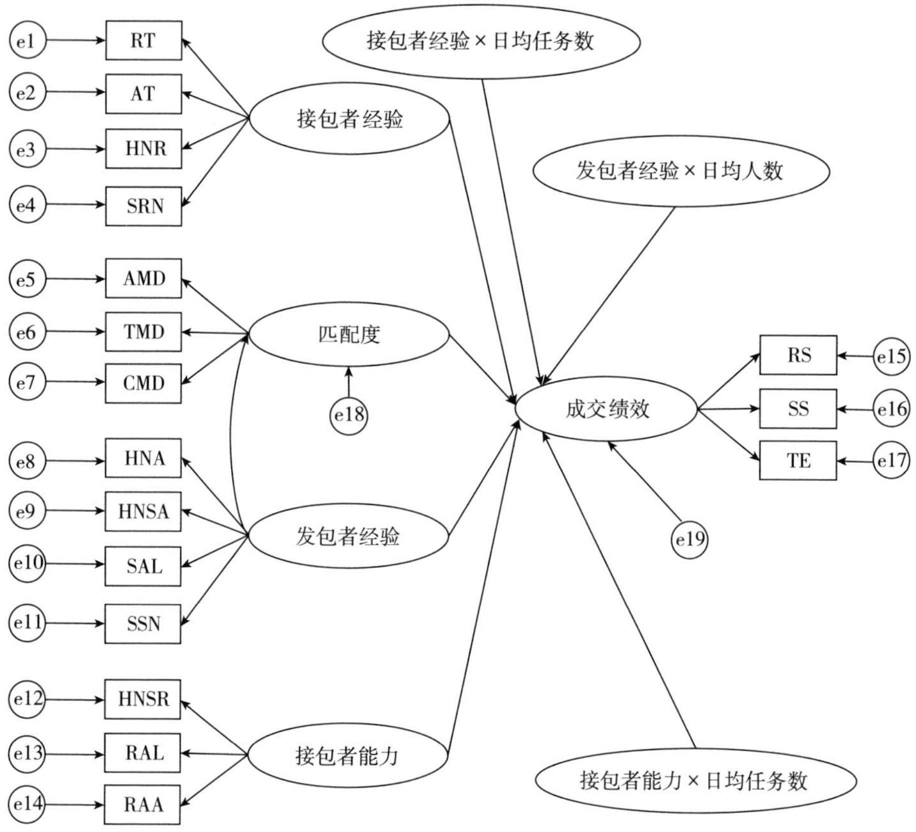

图 4-2　结构方程的初步框架（雇佣制）

表 4-6　接包者经验的 CFA 运算结果和收敛效度检验结果

变量	维度	因素负荷量	信度系数	测量误差	组合信度（C. R.）	平均方差抽取量（AVE）
接包者经验	RT	0. 637	0. 707	0. 309	0. 718	0. 615
	AT	0. 698	0. 550	0. 281		
	HNR	0. 667	0. 530	0. 251		
	SRN	0. 783	0. 622	0. 218		

从表 4-6 可以看出，接包者经验对应的 4 个观测指标的因素负荷量均大于 0. 5，即接包者经验的 4 个观测指标均可以比较好地反映其所在的维度。4

个观测指标的组合信度大于 0.6，平均方差抽取量 AVE 值大于 0.5，接包者经验变量的内部质量和收敛度达到标准。

对于发包者经验，同样先利用抓取和整理的 77 万组样本按照预先划分的维度构建初始结构方程模型，然后运用验证性因子分析（CFA）对其进行效度检验，最终得到表 4-7。

表 4-7　发包者经验的 CFA 运算结果和收敛效度检验结果

变量	维度	因素负荷量	信度系数	测量误差	组合信度（C. R.）	平均方差抽取量（AVE）
发包者经验	HNA	0.581	0.633	0.389	0.635	0.608
	HNSA	0.667	0.589	0.321		
	SAL	0.610	0.630	0.407		
	SSN	0.677	0.624	0.220		

从表 4-7 可以看出，发包者经验对应的 4 个观测指标的因素负荷量均大于 0.5，即发包者经验的 4 个观测指标均可以比较好地反映其所在的维度。4 个观测指标的组合信度大于 0.6，平均方差抽取量 AVE 值大于 0.5，发包者经验变量的内部质量和收敛度达到标准。

对于任务关注度，同样先利用抓取和整理的 77 万组样本按照预先划分的维度构建初始结构方程模型，然后运用验证性因子分析（CFA）对其进行效度检验，最终得到表 4-8。

表 4-8　任务关注度的 CFA 运算结果和收敛效度检验结果

变量	维度	因素负荷量	信度系数	测量误差	组合信度（C. R.）	平均方差抽取量（AVE）
任务关注度	NRS	0.736	0.701	0.319	0.677	0.637
	TA	0.675	0.600	0.251		
	CA	0.592	0.532	0.366		

从表 4-8 可以看出，任务关注度对应的 3 个观测指标的因素负荷量均大于 0.5，即任务关注度的 3 个观测指标均可以比较好地反映其所在的维度。3 个观测指标的组合信度大于 0.6，平均方差抽取量 AVE 值大于 0.5，任务关注度变量的内部质量和收敛度达到标准。

对于接包者能力，同样先利用抓取和整理的 77 万组样本按照预先划分的维度构建初始结构方程模型，然后运用验证性因子分析（CFA）对其进行效度检验，最终得到表 4-9。

表 4-9　接包者能力的 CFA 运算结果和收敛效度检验结果

变量	维度	因素负荷量	信度系数	测量误差	组合信度（C. R.）	平均方差抽取量（AVE）
接包者能力	HNSR	0.779	0.661	0.377	0.724	0.693
	RAL	0.710	0.727	0.303		
	RAA	0.652	0.580	0.404		

从表 4-9 中可以看出，接包者能力对应的 3 个观测指标的因素负荷量均大于 0.5，即接包者能力的 3 个观测指标均可以比较好地反映其所在的维度。3 个观测指标的组合信度大于 0.6，平均方差抽取量 AVE 值大于 0.5，接包者能力变量的内部质量和收敛度达到标准。

对于匹配度，同样先利用抓取和整理的 77 万组样本按照预先划分的维度构建初始结构方程模型，然后运用验证性因子分析（CFA）对其进行效度检验，最终得到表 4-10。

表 4-10　匹配度的 CFA 运算结果和收敛效度检验结果

变量	维度	因素负荷量	信度系数	测量误差	组合信度（C. R.）	平均方差抽取量（AVE）
匹配度	AMD	0.795	0.701	0.372	0.752	0.717
	TMD	0.741	0.739	0.336		
	CMD	0.589	0.597	0.420		

从表 4-10 可以看出，匹配度对应的 3 个观测指标的因素负荷量均大于 0.5，即匹配度的 3 个观测指标均可以比较好地反映其所在的维度。3 个观测指标的组合信度大于 0.6，平均方差抽取量 AVE 值大于 0.5，匹配度变量的内部质量和收敛度达到标准。

对于发包者重视程度，同样先利用抓取和整理的 77 万组样本按照预先划分的维度构建初始结构方程模型，然后运用验证性因子分析（CFA）对其进行效度检验，最终得到表 4-11。

表 4-11 发包者重视程度的 CFA 运算结果和收敛效度检验结果

变量	维度	因素负荷量	信度系数	测量误差	组合信度（C. R.）	平均方差抽取量（AVE）
发包者重视程度	TDL	0.703	0.673	0.346	0.639	0.627
	HSC	0.714	0.654	0.396		
	CF	0.668	0.557	0.445		

从表 4-11 可以看出，发包者重视程度对应的 3 个观测指标的因素负荷量均大于 0.5，即发包者重视程度的 3 个观测指标均可以比较好地反映其所在的维度。3 个观测指标的组合信度大于 0.6，平均方差抽取量 AVE 值大于 0.5，发包者重视程度变量的内部质量和收敛度达到标准。

对于成交绩效，同样先利用抓取和整理的 77 万组样本按照预先划分的维度构建初始结构方程模型，然后运用验证性因子分析（CFA）对其进行效度检验，最终得到表 4-12。

表 4-12 成交绩效的 CFA 运算结果和收敛效度检验结果

变量	维度	因素负荷量	信度系数	测量误差	组合信度（C. R.）	平均方差抽取量（AVE）
成交绩效	RS	0.809	0.742	0.247	0.793	0.746
	SS	0.812	0.718	0.205		
	TE	0.737	0.584	0.340		

从表 4-12 可以看出，成交绩效对应的 3 个观测指标的因素负荷量均大于 0.5，即成交绩效的 3 个观测指标均可以比较好地反映其所在的维度。3 个观测指标的组合信度大于 0.6，平均方差抽取量 AVE 值大于 0.5，成交绩效变量的内部质量和收敛度达到标准。

上述验证性因子分析结果表明，图 4-1 中所有的潜变量均能通过效度检验，说明模型初步构建比较合理。

4.1.3.2 雇佣制

对于接包者经验，先利用抓取和整理的 77 万组样本按照预先划分的维度构建初始结构方程模型，然后运用验证性因子分析（CFA）对其进行效度检验，最终得到表 4-13。

表 4-13 接包者经验的 CFA 运算结果和收敛效度检验结果

变量	维度	因素负荷量	信度系数	测量误差	组合信度（C. R.）	平均方差抽取量（AVE）
接包者经验	RT	0.741	0.578	0.331	0.722	0.635
	AT	0.775	0.654	0.261		
	HNR	0.738	0.589	0.245		
	SRN	0.787	0.685	0.215		

从表 4-13 可以看出，接包者经验对应的 4 个观测指标的因素负荷量均大于 0.5，即接包者经验的 4 个观测指标均可以比较好地反映其所在的维度。4 个观测指标的组合信度大于 0.6，平均方差抽取量 AVE 值大于 0.5，接包者经验变量的内部质量和收敛度达到标准。

对于发包者经验，同样先利用抓取和整理的 77 万组样本按照预先划分的维度构建初始结构方程模型，然后运用验证性因子分析（CFA）对其进行效度检验，最终得到表 4-14。

表 4-14　发包者经验的 CFA 运算结果和收敛效度检验结果

变量	维度	因素负荷量	信度系数	测量误差	组合信度（C. R.）	平均方差抽取量（AVE）
发包者经验	HNA	0.649	0.628	0.402	0.628	0.612
	HNSA	0.597	0.554	0.308		
	SAL	0.684	0.687	0.374		
	SSN	0.665	0.613	0.242		

从表 4-14 可以看出，发包者经验对应的 4 个观测指标的因素负荷量均大于 0.5，即发包者经验的 4 个观测指标均可以比较好地反映其所在的维度。4 个观测指标的组合信度大于 0.6，平均方差抽取量 AVE 值大于 0.5，发包者经验变量的内部质量和收敛度达到标准。

对于接包者能力，同样先利用抓取和整理的 77 万组样本按照预先划分的维度构建初始结构方程模型，然后运用验证性因子分析（CFA）对其进行效度检验，最终得到表 4-15。

表 4-15　接包者能力的 CFA 运算结果和收敛效度检验结果

变量	维度	因素负荷量	信度系数	测量误差	组合信度（C. R.）	平均方差抽取量（AVE）
接包者能力	HNSR	0.723	0.591	0.436	0.736	0.702
	RAL	0.778	0.727	0.306		
	RAA	0.700	0.589	0.358		

从表 4-15 可以看出，接包者能力对应的 3 个观测指标的因素负荷量均大于 0.5，即接包者能力的 3 个观测指标均可以比较好地反映其所在的维度。3 个观测指标的组合信度大于 0.6，平均方差抽取量 AVE 值大于 0.5，接包者能力变量的内部质量和收敛度达到标准。

对于匹配度，同样先利用抓取和整理的77万组样本按照预先划分的维度构建初始结构方程模型，然后运用验证性因子分析（CFA）对其进行效度检验，最终得到表4-16。

表4-16　匹配度的CFA运算结果和收敛效度检验结果

变量	维度	因素负荷量	信度系数	测量误差	组合信度（C. R.）	平均方差抽取量（AVE）
匹配度	AMD	0.818	0.751	0.373	0.768	0.731
	TMD	0.682	0.720	0.320		
	CMD	0.830	0.763	0.452		

从表4-16可以看出，匹配度对应的3个观测指标的因素负荷量均大于0.5，即匹配度的3个观测指标均可以比较好地反映其所在的维度。3个观测指标的组合信度大于0.6，平均方差抽取量AVE值大于0.5，匹配度变量的内部质量和收敛度达到标准。

对于成交绩效，同样先利用抓取和整理的77万组样本按照预先划分的维度构建初始结构方程模型，然后运用验证性因子分析（CFA）对其进行效度检验，最终得到表4-17。

表4-17　成交绩效的CFA运算结果和收敛效度检验结果

变量	维度	因素负荷量	信度系数	测量误差	组合信度（C. R.）	平均方差抽取量（AVE）
成交绩效	RS	0.815	0.745	0.270	0.762	0.724
	SS	0.835	0.787	0.186		
	TE	0.716	0.680	0.312		

从表 4-17 可以看出，成交绩效对应的 3 个观测指标的因素负荷量均大于 0.5，即成交绩效的 3 个观测指标均可以比较好地反映其所在的维度。3 个观测指标的组合信度大于 0.6，平均方差抽取量 AVE 值大于 0.5，成交绩效变量的内部质量和收敛度达到标准。

上述验证性因子分析结果表明，图 4-2 中所有潜变量均能通过效度检验，说明模型初步构建合理。

4.2　实证结果与分析

从验证性因子分析结果来看，悬赏招标制（见图 4-1）和雇佣制（见图 4-2）所构建的结构方程均满足结构方程构建的基本条件。下面使用 AMOS22.0 软件分别对图 4-1 和图 4-2 的结构方程模型图进行参数估计和相关检验。

4.2.1　悬赏招标制

对图 4-2 中的结构方程模型进行运算后发现，模型结果与实际数据的配适状况不太好。路径系数方面，发包者经验×日均人数交叉变量对成交绩效影响的路径系数并不显著，而且该路径的平方复相关系数为 0.032，非常小。另外，从实际情况来看，虽然平台活跃的接包人数是发包者挑选出合适接包者的重要前提，但对于经验丰富的发包者来说，他们不仅可以通过展示任务的方式吸引接包者，还可以通过自己的网络规模吸引合适的接包者，因此，各类别日均参与接包的人数在调节发包者经验对成交绩效的影响方面并不一定显著。综合来看，考虑将该路径从模型中去除，同时参考 AMOS Output 中给出的修正指标，在不违背经验法则、理论基础的原则下，建立一些误差变量的相关关系，然后再运用 AMOS22.0 软件对修正后的模型进行拟合运算，此时拟合度基本达标，并得到如图 4-3 所示的结构方程的模型路径。

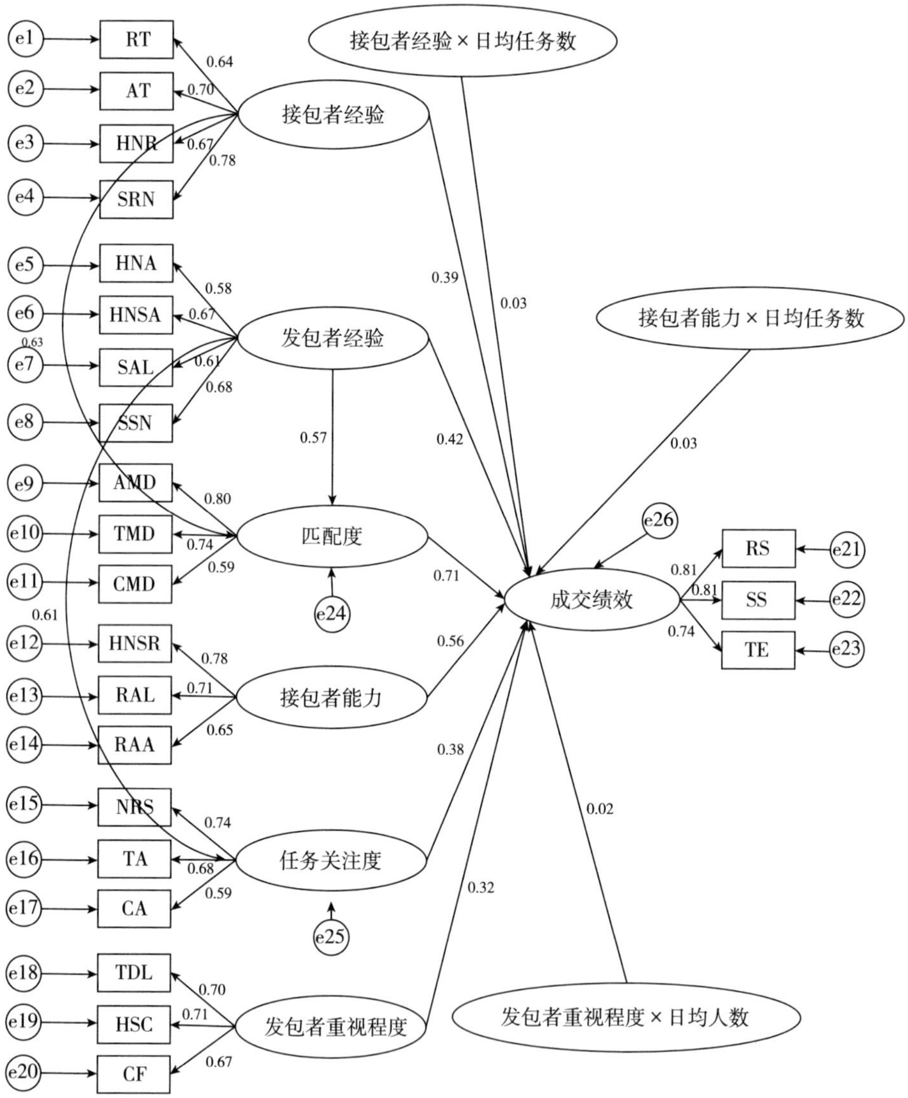

图 4-3　结构方程的模型路径（悬赏招标制）

修正后的路径模型与实际情况匹配状况较好，匹配指标值汇总见表 4-18。

表 4-18 验证性因子分析模型整体配适度检验结果（悬赏招标制）

拟合指标	χ^2/P	RMR	RMSEA	GFI	AGFI	NFI	TLI	CFI
拟合标准	<3	<0. 05	<0. 08 （若<0. 05 优良；<0. 08 良好）	>0. 90	>0. 90	>0. 90	>0. 90	>0. 90
运算结果	2. 638	0. 046	0. 078	0. 911	0. 882	0. 902	0. 887	0. 922
	是	是	良好	是	基本拟合	是	基本拟合	是

由表 4-18 可知，修正后的路径模型与理论分析匹配状况较好，因此，修正后的结构模型可以真实可靠地反映出变量之间的关系。其中，结构方程的具体运算结果汇总见表 4-19。

表 4-19 成交绩效影响因素参数估计结果（悬赏招标制）

			Estimate	S. E.	C. R.	P
成交绩效	<---	接包者经验	0. 393	0. 092	4. 274	***
匹配度	<---	接包者经验	0. 632	0. 087	7. 238	***
成交绩效	<---	发包者经验	0. 417	0. 080	5. 183	***
匹配度	<---	发包者经验	0. 374	0. 100	1. 732	0. 215
成交绩效	<---	匹配度	0. 707	0. 084	8. 384	***
成交绩效	<---	接包者能力	0. 555	0. 113	4. 921	***
成交绩效	<---	任务关注度	0. 382	0. 099	3. 877	***
匹配度	<---	任务关注度	0. 477	0. 104	4. 581	***

续表

			Estimate	S. E.	C. R.	P
任务关注度	<---	发包者经验	0. 616	0. 098	6. 273	***
成交绩效	<---	发包者重视程度	0. 317	0. 085	3. 738	***
成交绩效	<---	接包者经验×日均任务数	0. 026	0. 009	2. 193	0. 072
成交绩效	<---	接包者能力×日均任务数	0. 031	0. 010	3. 261	**
成交绩效	<---	发包者重视程度×日均人数	0. 018	0. 011	1. 628	0. 271

注：** 表示 5%显著水平，*** 表示 1%显著水平。

根据表 4-19 中的运算结果，可以验证表 4-20 中的假设。

表 4-20　成交绩效影响因素假设验证结果（悬赏招标制）

假设	内容	结果
H1	接包者经验对成交绩效存在明显的正向影响，即接包者经验越丰富，成交绩效越高	成立
H2	接包者经验对任务匹配度存在正向影响，并会通过任务匹配度对成交绩效产生正向影响	成立
H3	发包者经验对成交绩效存在明显的正向影响，即发包者经验越丰富，成交绩效越高	成立
H4	发包者经验对任务匹配度存在正向影响，并会通过任务匹配度对成交绩效产生正向影响	不成立
H5	发包者经验对任务的关注度存在明显的正向影响，并会通过任务关注度对成交绩效产生正向影响	成立
H6	任务关注度对成交绩效存在明显的正向影响，即任务的关注度越高，成交绩效越高	成立
H7	任务关注度对任务匹配度存在正向影响，并会通过任务匹配度对成交绩效产生正向影响	成立
H8	接包者能力对成交绩效存在明显的正向影响，即接包者能力越强，成交绩效越高	成立

续表

假设	内容	结果
H9	匹配度对成交绩效存在明显的正向影响，即匹配度越高，成交绩效越高	成立
H10	发包者重视程度对成交绩效存在明显的正向影响，即发包者重视程度越高，成交绩效越高	成立
H11	接包者经验对成交绩效的影响会受到各类别日均发布任务数的调节	不成立
H12	发包者经验对成交绩效的影响会受到各类别日均参与接包人数的调节	不成立
H13	接包者能力对成交绩效的影响会受到各类别日均发布任务数的调节	成立
H14	发包者重视程度对成交绩效的影响会受到各类别日均接包人数的调节	不成立

对于悬赏招标制来说，接包者经验、发包者经验、匹配度、接包者能力、任务关注度和发包者重视程度都对成交绩效存在显著的正向影响，其中匹配度的影响程度最高。另外，接包者经验会通过任务匹配度对成交绩效产生正向影响；发包者经验会通过任务关注度对成交绩效产生正向影响；任务关注度会通过任务匹配度对成交绩效产生正向影响；接包者能力对成交绩效的影响会受到各类别日均发布任务数的调节。

4.2.2　雇佣制

对图 4-2 中的结构方程模型进行运算后发现，模型结果与实际数据的配适状况不太好，需要对模型进行适当修正。而且在模型的路径系数方面，接包者经验×日均人数交叉变量对成交绩效影响的路径系数并不显著，而且该路径的平方复相关系数为 0.027，非常小。另外，从实际情况来看，虽然平台发布的任务数是接包者挑选到合适任务的重要前提，但在雇佣制下，接包者基本上处于被挑选的状态，一般只有能力较强的接包者才会同时段内接到多个雇佣需求，从而有机会挑选任务，各类别日均发布任务数在调节接包者经验对成交绩效的影响方面并不一定显著。综合来看，本书考虑将该路径从模型中去除，同时参考 AMOS Output 中给出的修正指标，在不违背经验法则、理论基础的原则下，建立一些误差变量的相关关系，然后再运用 AMOS22.0 软件对修正后的模型进行拟合运算，此时拟合度基本达标，并得到如图 4-4 所示的路径系数。

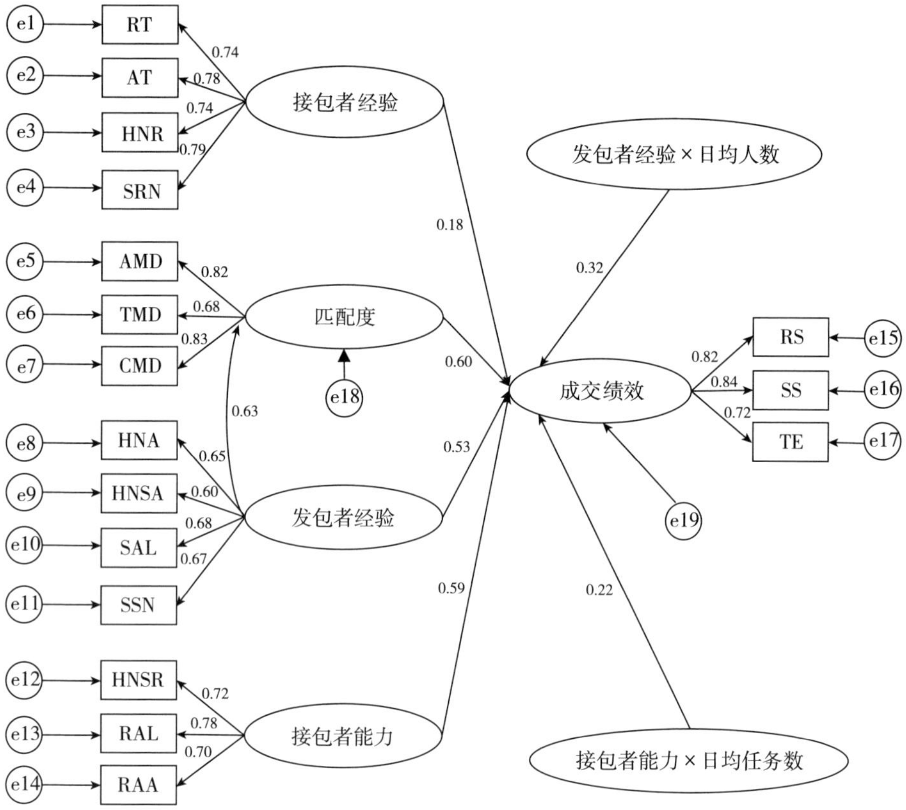

图 4-4 结构方程的模型路径（雇佣制）

修正后的路径模型与实际情况匹配状况较好，匹配指标值汇总见表 4-21。

表 4-21 验证性因子分析模型整体配适度检验结果（雇佣制）

拟合指标	χ^2/P	RMR	RMSEA	GFI	AGFI	NFI	TLI	CFI
拟合标准	<3	<0.05	<0.08（若<0.05 优良；<0.08 良好）	>0.90	>0.90	>0.90	>0.90	>0.90
运算结果	2.828	0.036	0.061	0.925	0.902	0.913	0.893	0.918
	是	是	良好	是	是	是	基本拟合	是

由表 4-21 可知，修正后的路径模型与理论分析匹配状况较好，因此，修正后的结构模型可以真实可靠地反映出变量之间的关系。其中，结构方程的具体运算结果汇总见表 4-22。

表 4-22 成交绩效影响因素参数估计结果（雇佣制）

			Estimate	S. E.	C. R.	P
成交绩效	<---	接包者经验	0.175	0.095	1.842	0.163
成交绩效	<---	发包者经验	0.528	0.107	4.925	***
匹配度	<---	发包者经验	0.629	0.119	5.294	***
成交绩效	<---	匹配度	0.603	0.141	4.291	***
成交绩效	<---	接包者能力	0.586	0.152	3.845	***
成交绩效	<---	发包者经验×日均任务数	0.032	0.009	3.639	**
成交绩效	<---	接包者能力×日均任务数	0.022	0.005	4.284	***

注：** 表示 5%显著水平，*** 表示 1%显著水平。

根据表 4-22 中的运算结果，可以验证表 4-23 中的假设。

表 4-23 成交绩效影响因素假设验证结果（雇佣制）

假设	内容	结果
H1	接包者经验对成交绩效存在明显的正向影响，即接包者经验越丰富，成交绩效越高	不成立
H2	发包者经验对成交绩效存在明显的正向影响，即发包者经验越丰富，成交绩效越高	成立

续表

假设	内容	结果
H3	发包者经验对任务匹配度存在正向影响，并会通过任务匹配度对成交绩效产生正向影响	成立
H4	接包者能力对成交绩效存在明显的正向影响，即接包者能力越强，成交绩效越高	成立
H5	匹配度对成交绩效存在明显的正向影响，即匹配度越高，成交绩效越高	成立
H6	接包者经验对成交绩效的影响会受到各类别日均发布任务数的调节	不成立
H7	发包者经验对成交绩效的影响会受到各类别日均参与接包人数的调节	成立
H8	接包者能力对成交绩效的影响会受到各类别日均发布任务数的调节	成立

对于雇佣制来说，发包者经验、匹配度和接包者能力对成交绩效存在显著的正向影响，其中匹配度的影响程度最高。另外，发包者经验会通过任务匹配度对成交绩效产生正向影响；发包者经验对成交绩效的影响会受到各类别日均参与接包人数的调节；接包者能力对成交绩效的影响会受到各类别日均发布任务数的调节。

4.3 本章小结

本章将众包分为悬赏招标制和雇佣制两种模式，对众包任务成交绩效的影响机制进行了分析。首先，对第 3 章归纳的 21 个影响因素进行了探索性因子分析。其中，悬赏招标制模式下，影响众包任务成交绩效的主要因素可以归纳为接包者经验、发包者经验、众包任务关注度、接包者能力、匹配度和发包者重视程度 6 个方面；雇佣制模式下，影响众包任务成交绩效的主要因素可以归纳为接包者经验、发包者经验、接包者能力、匹配度 4 个方面。其次，根据探索性因子分析结果，结合相关研究成果和众包平台的实际运行情况，针对悬赏招标制和雇佣制分别提出了若干假设，并构建了初步的结构方程模型。再次，运用验证性因子分析对结构方程模型中各潜变量进行了验证性因子分析，结果显示，无论是悬赏招标制，还是雇佣制，各潜变量均能较好地被对应的观测变量测量。最后，运用 AMOS22.0 软件对结构方程模型进行了参数估计和假设检验。结果显示，悬赏招标制模式下，接包者经验、发包者经验、匹配度、接包者能力、任务关注度和发包者重视程度都对成交绩效存在显著的正向影响。雇佣制模式下，发包者经验、匹配度和接包者能力对成交绩效存在显著的正向影响。两种模式下，匹配度的影响程度均最大；各类别日均参与接包人数和各类别日均发布任务数均具有一定的调节作用。

第 5 章　众包任务智能分配模型分析

随着众包技术的不断发展和众包理论的不断完善，越来越多的企业通过众包来解决工作中的问题，越来越多的用户也通过众包获得报酬。这又反过来刺激了众包平台的发展，平台上的任务出现爆发式增长，导致众包平台上的任务不能被及时完成。以本书选取的一品威客为例，截至 2018 年底，该平台注册的威客数量超过 1400 万，发布任务数量超过 700 万，成交金额超过 150 亿元。然而，目前众包平台还没有任务自动分配功能来解决这一问题。因此提出合理高效的任务分配算法来解决众包平台的任务自动分配问题显得尤为迫切和重要。

5.1　智能分配模型的设计

对于众包平台来说，智能分配模型重点需要解决如何干预和何时干预两大问题。如何干预需要明确有哪些因素会影响众包平台的成交绩效，以及这些因素是如何影响众包任务成交绩效的。何时干预需要结合各影响因素对成

交绩效影响的具体特征，尤其是时间特征，找出良性循环与恶性循环之间的转折点。考虑到悬赏招标制和雇佣制两种模式的差异，本书在任务智能分配模型方面也将分开进行分析。

5.1.1　悬赏招标制的任务智能分配模型

根据第4章的分析结果，影响成交绩效的因素共有20个，分别是接收方案的数量、接包者注册时间、接包者活跃时间、历史接包数量、历史成功接包数量、历史发包数量、历史成功发包数量、金额匹配度、时间匹配度、类别匹配度、接包者账号等级、发包者账号等级、接包者累计获得金额、任务描述程度、接包者网络规模、发包者网络规模、历史选稿周期、任务浏览量、发包金额和联系频率。而且这些因素可以被归纳为接包者经验、发包者经验、众包任务关注度、接包者能力、匹配度和发包者重视程度6类。从结构方程的实证结果来看，具体影响关系和路径为：接包者经验、发包者经验、匹配度、接包者能力、任务关注度和发包者重视程度都对成交绩效存在显著的正向影响；接包者经验会通过任务匹配度对成交绩效产生正向影响；发包者经验会通过任务关注度对成交绩效产生正向影响；任务关注度会通过任务匹配度对成交绩效产生正向影响；接包者能力对成交绩效的影响会受到各类别日均发布任务数的调节。

从上述的分析结果来看，既可以选择直接观测变量作为影响众包任务成交绩效的输入变量，也可以选择中间潜变量作为影响众包任务成交绩效的输入变量，这就导致在神经网络模型构建过程中存在两种方案。神经网络模型不仅可以通过网络结构描述变量之间的线性和非线性关系，而且还可以在一定程度上排除变量之间的共线性。但在网络结构优化的过程中存在以下现象：当输入的变量越多、变量之间关系越复杂时，对网络结构要求就越高。对于本书来说，如果输入变量选择直接观测的20个变量，则可以确保输入变量的准确性，但变量之间的关系相对复杂，需要匹配的网络结构要求较高；如果输入变量选择 6 个潜变量，则输入变量的准确性会受到一定影响，但是这些变量之间的影响关系以及变量对成交绩效的影响路径就相对简单，需要匹配的网络结构要求相对简单。也就是说，两种方案各有利弊，下面将分别构建这两种方案下的智能分配模型，然后通过案例分析挑选出最佳的智能分配方案。

5.1.1.1 输入变量为直接观测变量

本研究将 BP 神经网络和遗传算法结合起来，形成一种混合训练算法，达到优化 BP 神经网络的目的。具体模型设计如下：

（1）算法流程。混合 BP 神经网络的算法首先用遗传算法对初始权值分布进行寻优，在解空间中定位出一个较小的搜索空间；然后采用 BP 算法在这个小的解空间搜索出最优解。具体算法流程如图 2-1 所示。

混合 BP 神经网络分为 BP 神经网络结构确定、遗传算法优化和 BP 神经网络预测三个部分。其中，BP 神经网络结构确定部分根据拟合函数的输入、输出参数的个数确定 BP 神经网络结构，从而确定遗传算法个体的长度。遗传算法优化部分使用遗传算法对 BP 神经网络的权值和阈值进行优化，种群中的每个个体都包含了一个网络所有的权值和阈值，个体通过适应度函数计算个体适应度值，遗传算法通过选择、交叉和变异操作找到最优适应度值对应的个体。BP 神经网络预测用遗传算法得到最优个体对网络进行初始权值和阈值的赋值，网络经训练后能够预测输出。

在神经网络结构方面，该方案共设置 20 个输入参数、1 个输出参数，其中隐含层节点数根据式（5-1）确定，本节设置取值为 10，所以设置的 BP 神经网络结构为 20-10-1，即输入层有 20 个节点，隐含层有 10 个节点，输出层有 1 个节点，共有 20×10+10×1=210 个权值，10+1=11 个阈值，所以遗传算法个体编码长度为 210+11=221。为验证分配模型分配结果的有效性，

把训练数据预测误差绝对值作为适应度值，个体适应度值越小，该个体越优。

$$n_1 = \sqrt{n+m} + a \quad (5-1)$$

式中，n_1 是隐含层节点数；n 是输入节点数；m 是输出节点数；a 是 1～10 的常数，并根据不同的 n_1 值进行模型预测效果的弹性分析，最终决定 n_1 的取值。

（2）遗传算法实现。采用遗传算法来优化 BP 神经网络的初始权值和阈值，使优化后的 BP 神经网络能够更好地预测输出。遗传算法优化 BP 神经网络的实现步骤如下：

1）种群初始化。个体编码为实数编码，每个个体均为一个实数串，由输入层与隐含层连接权值、隐含层阈值、隐含层与输出层连接权值以及输出层阈值 4 部分组成。个体包含了神经网络全部权值和阈值，在网络结构已知的情况下，就可以构成一个结构、权值、阈值确定的神经网络。

2）适应度函数。根据个体得到 BP 神经网络的初始权值和阈值，用训练数据训练 BP 神经网络后预测系统输出，把预测输出和期望输出之间的误差绝对值 E 作为个体适应度值 F，计算公式为：

$$F = k\left[\sum_{i=1}^{n} abs(y_i - o_i)\right] \quad (5-2)$$

式中，n 为网络输出节点数；y_i 为 BP 神经网络第 i 个节点的期望输出；o_i 为第 i 个节点的预测输出；k 为系数。

3）选择操作。遗传算法选择操作有轮盘赌法、锦标赛法等多种方法，本书选择轮盘赌法，即基于适应度比例的选择策略，每个个体 i 的选择概率 p_i 计算如下：

$$f_i = k/F_i \quad (5-3)$$

$$p_i = \frac{f_i}{\sum_{j=1}^{N} f_j} \quad (5-4)$$

式中，F_i 为个体 i 的适应度值，由于适应度值越小越好，所以在个体选择前对适应度值求倒数；k 为系数；N 为种群个体数目。

4）交叉操作。由于个体采用实数编码，所以交叉操作方法采用实数交叉法，第 k 个染色体 a_k 和第 l 个染色体 a_l 在 j 位的交叉操作方法如下：

$$\left.\begin{aligned} a_{kj} &= a_{kj}(1-b)+a_{lj}b \\ a_{lj} &= a_{lj}(1-b)+a_{kj}b \end{aligned}\right\} \tag{5-5}$$

式中，b 是［0，1］间的随机数。

5）变异操作。选取第 i 个个体的第 j 个基因 a_{ij} 进行变异，变异操作方法如下：

$$a_{ij}=\begin{cases} a_{ij}+(a_{ij}-a_{max})\cdot f(g) & r>0.5 \\ a_{ij}+(a_{min}-a_{ij})\cdot f(g) & r\leqslant 0.5 \end{cases} \tag{5-6}$$

式中，a_{max} 为基因 a_{ij} 的上界；a_{min} 为基因 a_{ij} 的下界；$f(g)=r_2(1-g/G_{max})$；r_2 为一个随机数；g 为当前迭代次数；G_{max} 是最大进化次数；r 为［0，1］间的随机数。

（3）遗传算法改进网络结构及权值、阈值的步骤如下：

1）根据经验参数和研究对象的实际情况，设置总迭代次数为 200，交叉概率为 0.3，变异概率为 0.1，种群大小为样本量×1.1，设置当前迭代次数 t=0。随机生成与样本数量一致的个体，每个个体的第一个等位基因 k 表示隐含层节点数。选择激活函数 Sigmoid 函数，设置参数 c 取 0.1，根据适应度函数计算每个个体的适应度值。

2）用轮盘赌法选择个体，并进行交叉、变异产生下一代。

3）计算该后代种群各个个体的适应度。若最高适应度达到要求或达到最大迭代次数，算法停止，否则返回步骤 2），直到最高适应度达到要求或达到最大迭代次数。

4）输出适应度值最高的个体，若有多个适应度值相同的个体，则选择染色体长度最短的个体（即隐含层节点数最少的个体）作为输出。

（4）BP 神经网络遗传算法极值寻优的步骤。关于网络遗传算法函数极值寻优，可以先利用神经网络的高维拟合能力和遗传算法的高维寻优能力寻找函数的极值。

BP 神经网络遗传算法极值寻优主要包括：BP 神经网络训练拟合、遗传算法极值寻优。

1）BP 神经网络训练拟合包括构建合适的神经网络，本方案确定的 BP 网络的拓扑结构是 20-10-1。

2）遗传算法极值寻优。染色体个体采用实数编码，由于是寻找 20 个指标预测的极值点，故个体长度为 20。个体的适应度值为 BP 神经网络的预测值，故预测值（即适应度值）越小，个体越优。

BP 神经网络遗传算法极值寻优是先将 BP 神经网络的预测值作为染色体个体的适应度值，再通过遗传算法寻找模型的最优值。

5.1.1.2 输入变量为潜变量

在神经网络结构方面，共设置 6 个输入参数、1 个输出参数，其中隐含层节点数根据式（5-1）确定，本节取值为 8，所以设置的 BP 神经网络结构为 6-8-1，即输入层有 6 个节点，隐含层有 8 个节点，输出层有 1 个节点，共有 6×8+8×1=56 个权值，8+1=9 个阈值，所以遗传算法个体编码长度为 56+9=65。为验证分配模型分配结果的有效性，把训练数据预测误差绝对值作为适应度值，个体适应度值越小，该个体越优。

（1）遗传算法实现。同样采用遗传算法来优化 BP 神经网络的初始权值和阈值，使优化后的 BP 神经网络能够更好地预测输出。遗传算法优化 BP 神经网络的实现步骤仍然按照种群初始化、适应度函数选取、个体选择操作、个体交叉操作、个体变异操作五个步骤进行。

（2）遗传算法改进网络结构及权值、阈值的步骤。设定参数，选择激活函数 Sigmoid 函数，用轮盘赌法选择个体，计算种群中每个个体的适应度，输出适应度值最高的个体。

（3）BP 神经网络遗传算法极值寻优的步骤。神经网络遗传算法函数极值寻优方面，可以先利用神经网络的高维拟合能力和遗传算法的高维寻优能力寻找函数的极值。

BP 神经网络遗传算法极值寻优主要包括：BP 神经网络训练拟合、遗传算法极值寻优。

1）BP 神经网络训练拟合包括构建合适的神经网络，本方案确定的 BP 网络的拓扑结构是 6-8-1。

2）遗传算法极值寻优。染色体个体采用实数编码，由于是寻找 6 个指标预测的极值点，故个体长度为 6。个体的适应度值为 BP 神经网络的预测值，故预测值（即适应度值）越小，个体越优。

同样，在 BP 神经网络遗传算法极值寻优方面，先将 BP 神经网络的预测值作为染色体个体的适应度值，再通过遗传算法寻找模型的最优值。

5.1.2　雇佣制的任务智能分配模型

根据第 4 章的分析结果，影响成交绩效的因素共有 14 个，分别是接包者注册时间、接包者活跃时间、历史接包数量、历史成功接包数量、历史发包数量、历史成功发包数量、金额匹配度、时间匹配度、类别匹配度、接包者账号等级、发包者账号等级、接包者累计获得金额、接包者网络规模和发包者网络规模。这些因素可以被归纳为接包者经验、发包者经验、接包者能力和匹配度 4 类。从结构方程的实证结果来看，具体影响关系和路径为：发包者经验、匹配度和接包者能力对成交绩效存在显著的正向影响；发包者经验会通过任务匹配度对成交绩效产生正向影响；发包者经验对成交绩效的影响会受到各类别日均参与接包人数的调节；接包者能力对成交绩效的影响会受到各类别日均发布任务数的调节。

从上述的分析结果来看，既可以选择直接观测变量作为影响众包任务成交绩效的输入变量，也可以选择中间潜变量作为影响众包任务成交绩效的输入变量。因此，针对雇佣制模式，也将分别构建以直接观测变量作为输入变量和以潜变量作为输入变量的两种智能分配方案，然后通过案例分析挑选出最佳的智能分配方案。

5.1.2.1　输入变量为直接观测变量

同样采用混合 BP 神经网络的算法，具体算法流程参照图 2-1。

在神经网络结构方面，共设置 14 个输入参数、1 个输出参数，其中隐含层节点数根据式（5-1）确定，本节取值为 9，所以设置的 BP 神经网络结构为 14-9-1，即输入层有 14 个节点，隐含层有 9 个节点，输出层有 1 个节点，共有 14×9+9×1=135 个权值，9+1=10 个阈值，所以遗传算法个体编码长度为 135+10=145。为验证分配模型分配结果的有效性，把训练数据预测误差绝对值作为适应度值，个体适应度值越小，该个体越优。

（1）遗传算法实现。同样采用遗传算法来优化 BP 神经网络的初始权值和阈值，使优化后的 BP 神经网络能够更好地预测输出。遗传算法优化 BP 神经网络的实现步骤仍然按照种群初始化、适应度函数选取、个体选择操作、个体交叉操作、个体变异操作五个步骤进行。

（2）遗传算法改进网络结构及权值、阈值的步骤如下：

1）根据经验参数和研究对象的实际情况，设置总迭代次数为 200，交叉概率为 0.3，变异概率为 0.1，种群大小为样本量×1.1，设置当前迭代次数 t=0。随机生成与样本量数量一致的个体，每个个体的第一个等位基因 k 表示隐含层节点数。选择激活函数 Sigmoid 函数，设置参数 c 取 0.1，根据适应度函数计算每个个体的适应度值。

2）用轮盘赌法选择个体，并进行交叉、变异产生下一代。

3）计算该后代种群中每个个体的适应度。若最高适应度达到要求或达到最大迭代次数，算法停止，否则返回步骤2)，直到最高适应度达到要求或达到最大迭代次数。

4）输出适应度值最高的个体，若有多个适应度值相同的个体，则选择染色体长度最短的个体（即隐含层节点数最少的个体）作为输出。

（3）BP 神经网络遗传算法极值寻优的步骤。关于神经网络遗传算法函数极值寻优，可以先利用神经网络的高维拟合能力和遗传算法的高维寻优能力寻找函数的极值。

BP 神经网络遗传算法极值寻优主要包括：BP 神经网络训练拟合、遗传算法极值寻优。

1）BP 神经网络训练拟合包括构建合适的神经网络，本方案确定的 BP 网络的拓扑结构是 14-9-1。

2）遗传算法极值寻优。染色体个体采用实数编码，由于是寻找 14 个指标预测的极值点，故个体长度为 14。个体的适应度值为 BP 神经网络的预测值，故预测值（即适应度值）越小，个体越优。

同样，在 BP 神经网络遗传算法极值寻优方面，先将 BP 神经网络的预测值作为染色体个体的适应度值，再通过遗传算法寻找模型的最优值。

5.1.2.2 输入变量为潜变量

同样采用混合 BP 神经网络的算法，具体算法流程参照图 2-1。

在神经网络结构方面，共设置 4 个输入参数、1 个输出参数，其中隐含层节点数根据式（5-1）确定，本节取值为 7，所以设置的 BP 神经网络结构为 4-7-1，即输入层有 4 个节点，隐含层有 7 个节点，输出层有 1 个节点，共有 4×7+7×1=35 个权值，7+1=8 个阈值，所以遗传算法个体编码长度为 35+8=43。为验证分配模型分配结果的有效性，把训练数据预测误差绝对值作为适应度值，个体适应度值越小，该个体越优。

（1）遗传算法实现。同样采用遗传算法来优化 BP 神经网络的初始权值和阈值，使优化后的 BP 神经网络能够更好地预测输出。遗传算法优化 BP 神经网络的实现步骤仍然按照种群初始化、适应度函数选取、个体选择操作、个体交叉操作、个体变异操作五个步骤进行。

（2）遗传算法改进网络结构及权值、阈值的步骤。设定参数，选择激活函数 Sigmoid 函数，用轮盘赌法选择个体，计算种群中每个个体的适应度，输出适应度值最高的个体。

（3）BP 神经网络遗传算法极值寻优的步骤。关于神经网络遗传算法函数极值寻优，可以先利用神经网络的高维拟合能力和遗传算法的高维寻优能力寻找函数的极值。

BP 神经网络遗传算法极值寻优主要包括：BP 神经网络训练拟合、遗传算法极值寻优。

1）BP 神经网络训练拟合包括构建合适的神经网络，本方案确定的 BP 网络的拓扑结构是 4-7-1。

2）遗传算法极值寻优。染色体个体采用实数编码，由于是寻找 4 个指标预测的极值点，故个体长度为 4。个体的适应度值为 BP 神经网络的预测值，故预测值（即适应度值）越小，个体越优。

同样，在 BP 神经网络遗传算法极值寻优方面，先将 BP 神经网络的预测值作为染色体个体的适应度值，再通过遗传算法寻找模型的最优值。

5.2 智能分配模型的案例分析

为验证和优化上文设计的智能分配模型，本节以从一品威客网抓取的2017年的数据为基础进行案例分析。考虑到样本量较大，如果用整体数据去建模，运算量会非常大，而且，从上文的分析中可以看出，在众包平台上，任务实际上被划分为了多个类别，这些类别之间由于特征差异较大，任务对应的各种参数差异也较大，因此，本书将按照任务类别分别建立智能分配模型。

5.2.1 悬赏招标制的案例分析

一品威客网的众包任务被划分为设计任务、开发任务、文案任务、营销任务、装修任务、生活任务和企业服务任务七大类。为简化分析，本书将按照大类进行分配模型的案例分析。

悬赏招标制模式下各类别的样本情况汇总见表5-1。

表5-1 悬赏招标制模式下各类别任务抓取的样本量情况

任务类别	样本量（万）	训练样本量（万）	测试样本量（万）
设计任务	20.59	16.47	4.12
开发任务	14.20	11.36	2.84
文案任务	9.23	7.38	1.85
营销任务	11.36	9.09	2.27
装修任务	6.39	5.11	1.28
生活任务	7.10	5.68	1.42
企业服务任务	2.13	1.70	0.43

表 5-1 的数据显示，一品威客平台发布的悬赏招标制任务中，设计类任务最多，占比为 29%，其他依次是开发类任务、营销类任务、文案类任务、生活类任务、装修类任务和企业服务任务。

下面将以设计类任务为例，详细介绍智能分配模型的训练和优化过程。

5.2.1.1　输入变量为直接观测变量

首先，随机选取 20.59 万组样本进行网络训练。在遗传算法优化中，最优个体适应度值变化如图 5-1 所示。进化到 7 代时，得到最优个体适应度值 1.2207，满足条件，终止迭代。

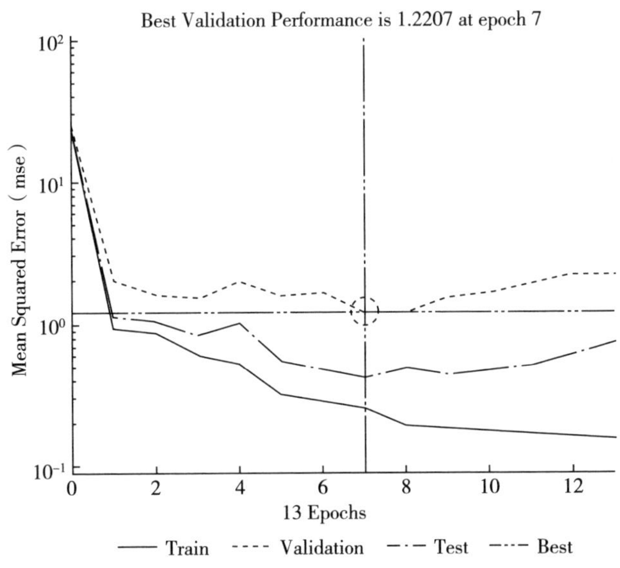

图 5-1　最优验证性性能曲线（悬赏招标制、设计类任务、直接观测变量）

（1）隐含层输出层权值为：W2 = [－1.0423，2.0341，－0.6428，1.7428，-1.0964，1.9765，2.9426，2.8643，-1.5783，0.9258]。

（2）输入层隐含层权值为 20×10 的矩阵，由于数据过多，不在书中列出。

（3）隐含层阈值为：B1=［2.8532，1.9863，-1.8643，2.4729，0.9784，-1.4852，2.8234，-2.0324，0.8341，1.2935］。

（4）输出层阈值为：B2=-1.9354。

训练网络预测性能的验证性分析结果显示，训练样本的拟合优度为89.80%；测试样本的拟合优度为87.48%；整体拟合优度为88.98%。

其次，运用剩余的4.12万组样本对训练的网络进行测试。由于未成交的任务其成交绩效的各项观测指标均为0，成交绩效的取值也为0，通过统计发现，成交的任务中成交绩效的最小值为0.27。因此，在测试过程中，对于成交绩效小于0.27的测试结果，判定该任务无法成交。测试结果显示，0.18万个未成交的任务被成功预测出0.17万个，3.94万个成交任务的预测结果的拟合优度为86.72%，整体测试的拟合优度为86.93%。

5.2.1.2 输入变量为潜变量

首先，随机选取20.59万组样本进行网络训练。遗传算法优化中最优个体适应度值变化如图5-2所示。进化到4代时，得到最优个体适应度值0.3895，满足条件，终止迭代。

（1）隐含层输出层权值为：W2=［1.9327，-2.1931，0.8231，2.3491，1.3942，1.2945，1.3588，0.7828］。

（2）输入层隐含层权值为6×8的矩阵，由于数据过多，不在书中列出。

（3）隐含层阈值为：B1=［1.2931，-0.1293，1.8231，0.9131，-0.6214，1.7249，1.7241，-0.8271］。

（4）输出层阈值为：B2=0.8318。

训练网络预测性能的验证性分析结果显示，训练样本的拟合优度为86.83%；测试样本的拟合优度为84.29%；整体拟合优度为86.02%。

其次，运用剩余的4.12万组样本对训练的网络进行测试。在测试过程

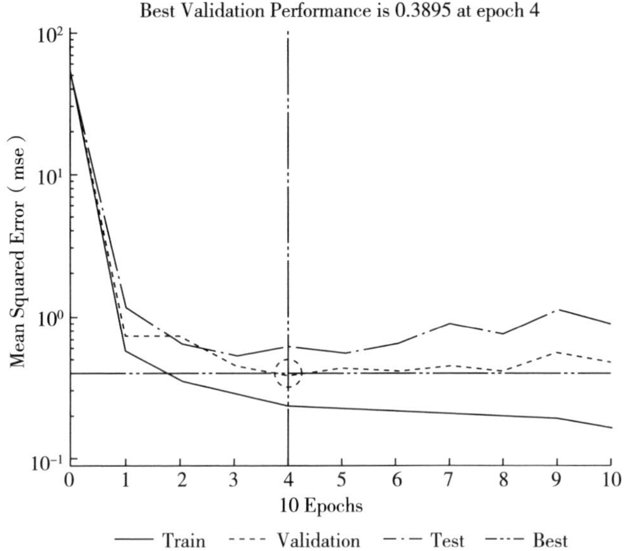

图5-2 最优验证性性能曲线（悬赏招标制、设计类任务、潜变量）

中，对于成交绩效小于0.27的测试结果，判定该任务无法成交。测试结果显示，0.18万个未成交的任务被成功预测出0.16万个，3.94万个成交任务的预测结果的拟合优度为82.83%，整体测试的拟合优度为83.19%。

由于在潜变量的计算采用的是主成分分析法，这会丢失部分观测变量的信息，导致采用潜变量的智能分配模型在模拟结果的准确性方面稍低于采用直接观测变量的智能分配模型，但采用潜变量的智能分配模型的网络结构相对要简单许多，而且训练时间仅为采用直接观测变量的智能分配模型的1/10。

综合来看，虽然采用直接观测变量的智能分配模型在模型训练方面比较费时，但对设计类任务16.47万组样本，以双核i5处理器进行计算，所花费的时间少于5小时，在可接受的范围内。训练好网络以后，运用训练好的网络进行测试，两种模型的计算速度都非常快。因此，为提高模型拟合优度，适合选取以直接观测变量作为输入变量的智能分配模型。

对于开发类任务、营销类任务、文案类任务、生活类任务、装修类任务和企业服务任务，按照设计类任务的上述步骤进行模型训练和测试，得到表5-2。

表5-2　其他类别任务智能分配模型的训练和测试情况（悬赏招标制）

任务类别	训练过程的拟合优度（%）		测试结果的拟合优度（%）	
	直接观测变量	潜变量	直接观测变量	潜变量
开发任务	89.16	87.05	86.27	83.39
文案任务	88.72	87.17	86.10	83.45
营销任务	89.72	87.68	87.31	85.18
装修任务	88.61	87.26	85.36	84.72
生活任务	90.18	88.01	86.83	85.13
企业服务任务	87.17	85.75	85.84	83.88

从表5-2可以看出，六种任务类别中，无论是训练过程还是测试结果，采用直接观测变量的智能分配模型的拟合优度均高于采用潜变量的智能分配模型。因此，开发类任务、营销类任务、文案类任务、生活类任务、装修类任务和企业服务任务也适合选取采用直接观测变量的智能分配模型。

5.2.2　雇佣制的案例分析

雇佣制模式下的任务同样划分为设计任务、开发任务、文案任务、营销任务、装修任务、生活任务和企业服务任务七大类。雇佣制模式下各类别的样本情况汇总见表5-3。

表 5-3　雇佣制模式下各类别任务抓取的样本量情况

任务类别	样本量（万）	训练样本量（万）	测试样本量（万）
设计任务	2.47	1.98	0.49
开发任务	2.99	2.39	0.60
文案任务	1.43	1.14	0.29
营销任务	1.56	1.25	0.31
装修任务	1.69	1.35	0.34
生活任务	0.65	0.52	0.13
企业服务任务	2.21	1.77	0.44

表 5-3 的数据显示，一品威客平台发布的雇佣制任务中，开发类任务最多，占比为 23%，其他依次是设计类任务、企业服务任务、装修类任务、营销类任务、文案类任务和生活类任务。其中，企业服务任务占比明显高于悬赏招标制模式。

下面将以开发类任务为例，详细介绍智能分配模型的训练和优化过程。

5.2.2.1　输入变量为直接观测变量

首先，随机选取 2.39 万组样本进行网络训练。遗传算法优化中最优个体适应度值变化如图 5-3 所示。进化到 7 代时，得到最优个体适应度值 0.3392，满足条件，终止迭代。

（1）隐含层输出层权值为：W2 = [1.9244，0.8351，-2.1945，1.3481，0.8356，1.3458，1.9451，-0.8324，-1.8351]。

（2）输入层隐含层权值为 14×9 的矩阵，由于数据过多，不在书中列出。

（3）隐含层阈值为：B1 = [1.9451，1.9451，-0.9347，-1.7811，1.3851，2.1472，-0.8248，-1.9351，1.7913]。

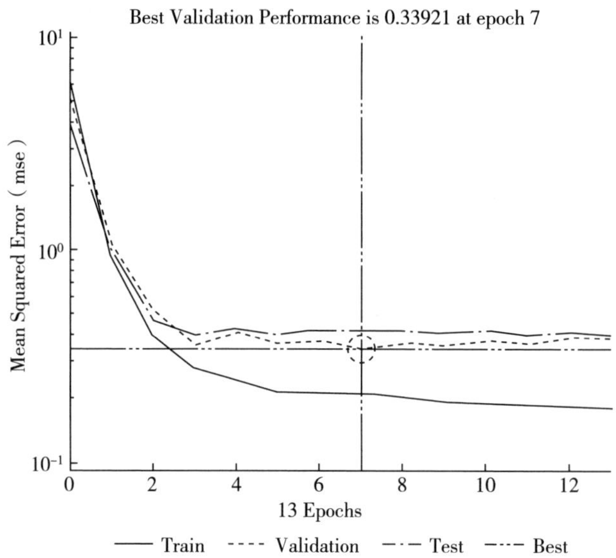

图 5-3 最优验证性性能曲线（雇佣制、开发类任务、直接观测变量）

（4）输出层阈值为：B2=-0.7359。

训练网络预测性能的验证性分析结果显示，训练样本的拟合优度为90.63%；测试样本的拟合优度为87.93%；整体拟合优度为89.14%。

其次，运用剩余的0.60万组样本对训练的网络进行测试。由于未成交的任务其成交绩效的各项观测指标均为0，成交绩效的取值也为0，而通过统计发现，成交的任务中成交绩效的最小取值为0.24。因此，在测试过程中，对于成交绩效小于0.24的测试结果，判定该任务无法成交。测试结果显示，0.031万个未成交的任务被成功预测出0.003万个，0.57万个成交任务的预测结果的拟合优度为87.11%，整体测试的拟合优度为87.48%。

5.2.2.2 输入变量为潜变量

首先，随机选取2.39万组样本进行网络训练。遗传算法优化中最优个体

适应度值变化如图 5-4 所示。进化到 3 代时，得到最优个体适应度值 0. 7563，满足条件，终止迭代。

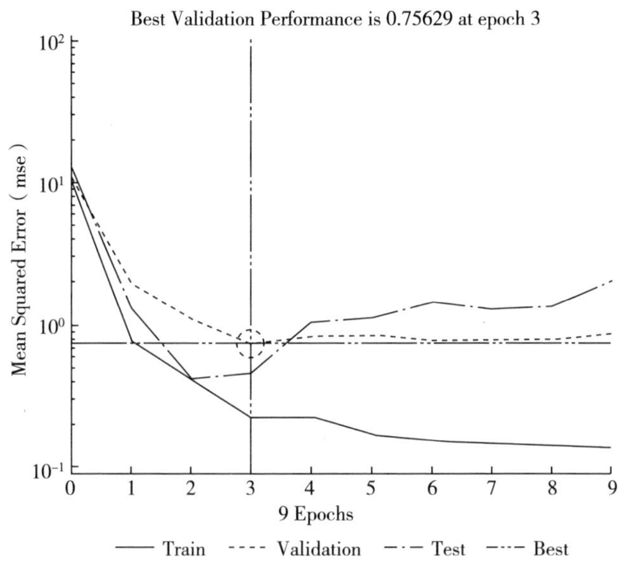

图 5-4 最优验证性性能曲线（雇佣制、开发类任务、潜变量）

（1）隐含层输出层权值为：W2 =［1. 7624，－0. 8527，2. 1848，0. 8829，1. 8352，2. 1846，-0. 9932］。

（2）输入层隐含层权值为 4×7 的矩阵，由于数据过多，不在书中列出。

（3）隐含层阈值为：B1=［2. 8145，0. 5832，1. 2836，-1. 2896，0. 8863，0. 7392，1. 8292］。

（4）输出层阈值为：B2=0. 3719。

训练网络预测性能的验证性分析结果显示，训练样本的拟合优度为 87. 58%；测试样本的拟合优度为 84. 67%；整体拟合优度为 86. 89%。

其次，运用剩余的 0. 60 万组样本对训练的网络进行测试。同样，在测试过程中，对于成交绩效小于 0.24 的测试结果，判定该任务无法成交。测试结果显示，0.029 万个未成交的任务被成功预测出 0.26 万个，0.57 万个成交的任务预测结果的拟合优度为 83.16%，整体测试的拟合优度为 83.52%。

综合考虑来看，为提高模型拟合优度，适合选取以直接观测变量作为输入变量的智能分配模型。

对于设计类任务、营销类任务、文案类任务、生活类任务、装修类任务和企业服务任务，按照设计类任务的上述步骤进行模型训练和测试，得到表 5-4 中的结果。

表 5-4 其他类别任务智能分配模型的训练和测试情况（雇佣制）

任务类别	训练过程的拟合优度（%）		测试结果的拟合优度（%）	
	直接观测变量	潜变量	直接观测变量	潜变量
设计任务	88.05	86.31	84.66	82.82
文案任务	88.60	87.40	87.92	86.92
营销任务	90.29	89.33	86.07	85.60
装修任务	88.01	86.67	85.94	85.34
生活任务	90.36	89.37	87.48	86.51
企业服务任务	86.85	85.36	84.26	82.63

从表 5-4 可以看出，六种任务类别中，无论是训练过程还是测试结果，采用直接观测变量的智能分配模型的拟合优度均高于采用潜变量的智能分配模型。因此，设计类任务、营销类任务、文案类任务、生活类任务、装修类任务和企业服务任务也适合选取以直接观测变量作为输入变量的智能分配模型。

5.3　本章小结

在智能分配模型的设计方面，针对悬赏招标制和雇佣制众包模式，运用BP 神经网络和遗传算法分别建立了智能分配模型。为比较输入变量的优劣，又分别建立了采用直接观测变量和采用潜变量两种方式的智能分配模型。在智能分配模型设计的基础上，运用从一品威客平台抓取的样本数据进行了案例分析。考虑到任务类别的差异，按照一品威客平台对任务的划分标准，将任务划分为设计任务、开发任务、文案任务、营销任务、装修任务、生活任务和企业服务任务七大类。案例分析的结果显示，悬赏招标制模式下，设计类任务、开发类任务、营销类任务、文案类任务、生活类任务、装修类任务和企业服务任务以直接观测变量作为输入变量的智能分配模型的拟合优度均要高于以潜变量作为输入变量的智能分配模型，适合选取以直接观测变量作为输入变量的智能分配模型。雇佣制模式下，同样也适合选取以直接观测变量作为输入变量的智能分配模型。

第 6 章　众包平台运行机制优化分析

结合第 5 章提出的众包任务智能分配模型，本章将主要从灵敏度的角度分析各因素对众包任务智能分配模型的影响程度，从而进一步提出针对众包平台运行机制的一些优化措施。在现有运行机制下，国内主要众包平台目前都遇到了明显的发展瓶颈，亟须进行分配机制调整。本章将尝试通过定量分析，为众包平台运行机制的优化调整提供建议。

6.1　众包任务智能分配模型的灵敏度分析

6.1.1　灵敏度分析方法

6.1.1.1　灵敏度分析概述

灵敏度分析是研究和分析系统（或模型）状态或输出变化对系统参数或周围条件变化的敏感程度的一种方法。在优化方法中，常采用敏感性分析来研究原始数据不准确或变化时最优解的稳定性。邓辉咏等（2016）认为敏感性分析还可以确定哪些参数对系统或模型的影响更大。因此，敏感性分析在几乎所有的操作方法和评价各种选择中都是非常重要的。

6.1.1.2 灵敏度分析的数学方法

在数学方法中，模型输出的灵敏度被定义为相对于输入的方差变化。在这些方法中，通常需要计算几个输入在可能的输入值范围内产生的输出值。由于将输入方差值范围应用于输出中，所以只需计算输入的方差值，不需要计算输出的方差值。灵敏度分析的数学方法包括标称范围灵敏度分析、对数不等速率差分析、无损分析和自动微分。

（1）标称范围灵敏度分析。标称范围灵敏度分析是一种局部灵敏度分析方法。该方法简单易行，一般用于确定性模型中，不用于概率统计分析。该方法的一个应用是通过观测分析确定概率框架下模型最重要的输入。它还可以用来按重要性对数据进行排序。例如，Salehi 等（2000）提出了一种标称范围敏感性分析，在保持所有其他输入的同时，计算输入在其值范围内对模型输出的影响，该值为标称值。由输入变量更改引起的模型输出更改被定义为特定输入变量的模型敏感性，这种敏感性也可以定义为相对于标称值的正或负的百分比变化。标称范围灵敏度分析可以重复计算任何单个模型输入的灵敏度。

（2）对数不等速率差分析。该方法是标称范围灵敏度分析的具体应用。当输出是一个概率时，ΔLOR 方法可以使用。例如，袁桂丽等使用该方法来识别最重要的输入，从而列出数据收集和研究的顺序。

事件的不平等是事件发生的概率与事件不发生的概率之比。如果一个事件发生的概率是 P，那么它的不相等率就是 P/（1-P）。对数不相等率只是另一种测量概率的方法。由于对数不均匀率更容易理解，所以常被用来表示概率的一种变化形式。

如果 ΔLOR 的价值是正的，一个或多个输入的变化可能会增加一个事件的发生概率；如果 ΔLOR 是负的，输入的变化可能会减少事件的发生概率或增加事件不发生的概率。

类似于标称范围灵敏度分析，对数不等差分法不能描述输入之间的非线性关系，也不能用来在非线性模型中确定其临界输入序列。

（3）无损分析。无损分析与其说是一种具体的方法，不如说是一个概念。黄根等（2016）认为无损分析通常用于计算输入变化时决策的鲁棒性。

无损分析方法可以使决策者能够以不同的方式对待两个或多个风险管理项目。为了获得选择选项的鲁棒性，可以计算模型输入值的可能取值范围是否与两个选项之一一致。决策者在这两种选择之间的区别可以用无损线或不相关的曲线来表示，如等风险曲线。如果输出的不确定性范围对应多个可能的选择，则考虑模糊选择一个。类似地，决策者可以为不同的选项识别和计算这些项目，从而达到平衡的风险降低水平。如果有两个以上的决策选项，分析将变得更加复杂。

虽然从理论层面看，无损分析的概念非常有用，但它不能直接使用，而且随着敏感输入的增加，它会变得复杂，并且不能通过安排输入来区分输入的相对重要性。

（4）自动微分技术。目前已知的基于微分的灵敏度分析方法，如数值微分法，存在以下局限性：计算结果不准确、人力和时间成本高、不易用数学公式表示、难以用计算机程序实现。为了克服上述不足，有学者提出了自动微分技术。自动微分技术本身并不是一种全新的方法，它只是一个计算大型模型局部灵敏度的自动化过程。在方法执行过程中，计算机代码自动计算一阶偏导数。该方法可用于计算模型参数空间中一个或多个点的局部灵敏度。在每一点，计算模型输出所选输入的偏导数，偏导数的值是局部灵敏度的度量。它是一种进行局部灵敏度计算的方法。

与传统方法相比，使用自动求偏导数的方法计算偏导数，结果更精确，计算成本更低。然而，自动微分是一种局部技术，它与标称范围灵敏度分析具有相同的局限性，它不能确定非线性模型的重要输入。此外，与标称范围灵敏度分析不同，自动微分不考虑输入可能值的范围。

6.1.1.3 神经网络模型的灵敏度分析

在神经网络模型中，由于输入变量和输出变量之间的关系较为复杂，一般采用自动微分的数学方法用软件进行数值计算，以确定输出变量受各输入变量影响的灵敏度。具体过程为，利用已经训练好的网络，通过改变单位输入指标来得到输出指标的变化情况。通过灵敏度分析可以确定目标函数对各个输入变量的依赖程度，了解哪些输入变量是灵敏度高的变量、参数的变化对目标函数的影响是多少。灵敏度分析通过确定目标变量与输入变量之间的梯度关系，反映输入变量对目标函数变化的贡献。设目标函数表示为：

$f_r(x)=f(x^{(r)})$

目标函数的梯度：

$$\nabla f_r(x)=\left[\frac{\partial f_r}{\partial x_1}\quad\frac{\partial f_r}{\partial x_2}\quad\cdots\quad\frac{\partial f_r}{\partial x_n}\right] \tag{6-1}$$

对于每一个输入变量梯度近似表示为：

$$\frac{\partial f_r}{\partial x_i}=\frac{f_r(X+\Delta x_i e)-f_r(X)}{\Delta x_i} \tag{6-2}$$

式中，e 与 X 为同阶矩阵，取值规则为:，x_i 位置对应的是 1，其余情况对应的是 0。

$$\Delta x_i=\frac{\Delta D}{100}(x_i-x) \tag{6-3}$$

式中，ΔD 表示增加值的幅度。

式（6-2）表示结构的一阶灵敏度，用来计算目标函数的变化程度。其中等号左边称为一阶微分灵敏度，等号右边称为一阶差分灵敏度。

对于训练好的神经网络模型来源，如果能够达到其中某一个输入变量变化而其他输入变量保持固定，则通过给输入变量一定的扰动，同时保持其他输入变量固定，则很容易计算出输出变量因该扰动而产生的波动幅度，该波动幅度就可以被认为是该输入变量的灵敏度。而在实际应用中，对于神经网络模型来说，多个输入变量经常是交叉变动的，使得无法简单达到只让其中某一个输入变量变化而其他输入变量保持固定的状态，也就无法满足现有定义下灵敏度计算的前提条件。针对这种情况，俞集辉等（2009）提出可通过引入蒙特卡罗模拟的方式，随机选取一定量的样本，对给定的输入变量加以微小扰动，然后用训练好的模型计算出各组样本在扰动前后的输出变量数值，再进一步计算出扰动前后输出变量的波动幅度，最后计算出输出变量波动幅度的平均值。该平均值即可认为是输出变量因给定输入变量扰动所导致的波动，正好符合灵敏度的定义，即灵敏度是模型输出变化对系统参数变化的敏感程度。因此，本书将按照上述方法计算神经网络模型中各输入变量对模型影响的灵敏度。

6.1.2 灵敏度分析计算

对于众包任务的智能分配模型来说，不仅需要提高输入变量对输出变量的拟合效果，而且还需要提高智能分配系统的稳定性。而分配系统对各输入变量的灵敏度是影响分配系统稳定性的主要因素，因此，有必要对分配系统中各输入变量的灵敏度进行分析，测算出各输入变量对系统稳定性的具体影响情况，从而更好地指导众包平台进行分配机制优化。

考虑到悬赏招标制和雇佣制两种模式的差异，本章仍将分别对二者进行灵敏度计算。

6.1.2.1 悬赏招标制分配模型的灵敏度计算

根据第5章的分析结果，对于悬赏招标制的众包模式来说，智能分配系统的输入变量共有20个，分别为接收方案的数量、接包者注册时间、接包者活跃时间、历史接包数量、历史成功接包数量、历史发包数量、历史成功发包数量、金额匹配度、时间匹配度、类别匹配度、接包者账号等级、发包者账号等级、接包者累计获得金额、任务描述程度、接包者网络规模、发包者网络规模、历史选稿周期、任务浏览量、发包金额和联系频率。

本书按照一品威客平台对任务的划分标准，将任务划分为设计任务、开发任务、文案任务、营销任务、装修任务、生活任务和企业服务任务七大类。并以占比最多的设计类任务作为案例进行分析。

神经网络模型灵敏度分析的步骤如下：

首先，运用抓取的20.59万组设计类任务的样本，训练第5章构建的智能分配模型，得到训练好的神经网络结构。

其次，随机选取4.12万组样本，分别给20个输入变量加以1%的扰动（为避免输入变量超出实际范围，在加以1%的负向扰动时，剔除当前输入变量处于最小值的样本；在加以1%的正向扰动时，剔除当前输入变量处于最大值的样本），并用训练好的模型计算出扰动前后的输出变量。

最后，计算出输出变量在扰动前后的波动幅度，并计算该波动幅度的平均值，该平均值即为给定输入变量的灵敏度。最终的灵敏度计算结果见表6-1。

表6-1 智能分配模型的灵敏度计算结果（悬赏招标制，设计类任务）

输入变量	1%正向扰动（%）	1%负向扰动（%）	输入变量	1%正向扰动（%）	1%负向扰动（%）
接收方案的数量	0.15	-0.24	接包者账号等级	0.28	-0.31
接包者注册时间	0.07	-0.13	发包者账号等级	0.12	-0.16
接包者活跃时间	0.17	-0.21	接包者累计获得金额	0.21	-0.25
历史接包数量	0.04	-0.03	任务描述程度	0.30	-0.49

续表

输入变量	1%正向扰动（%）	1%负向扰动（%）	输入变量	1%正向扰动（%）	1%负向扰动（%）
历史成功接包数量	0.18	-0.19	接包者网络规模	0.16	-0.14
历史发包数量	0.14	-0.23	发包者网络规模	0.17	-0.21
历史成功发包数量	0.26	-0.29	历史选稿周期	-0.13	0.09
金额匹配度	0.37	-0.48	任务浏览量	0.08	-0.13
时间匹配度	0.12	-0.13	发包金额	0.11	-0.25
类别匹配度	1.23	-1.36	联系频率	0.20	-0.28

从表6-1可以看出，对于设计类任务来说，在正向扰动方面，智能分配模型对类别匹配度最为敏感，1%的正向会带来成交绩效1.23%的提升，其次分别是金额匹配度、任务描述程度、接包者账号等级、历史成功发包数量、接包者累计获得金额、联系频率、历史成功接包数量、接包者活跃时间、发包者网络规模、接包者网络规模、接收方案的数量、历史发包数量、历史选稿周期、时间匹配度、发包者账号等级、发包金额、任务浏览量、接包者注册时间和历史接包数量。在负向扰动方面，智能分配模型同样对类别匹配度最为敏感，1%的负向会导致成交绩效1.36%的下降，其次分别是任务描述程度、金额匹配度、接包者账号等级、历史成功发包数量、联系频率、接包者累计获得金额、发包金额、接收方案的数量、历史发包数量、接包者活跃时间、发包者网络规模、历史成功接包数量、发包者账号等级、接包者网络规模、时间匹配度、任务浏览量、接包者注册时间、历史选稿周期和历史接包数量。

按照设计类任务智能分配模型的灵敏度计算方法，可以分别计算出开发任务、文案任务、营销任务、装修任务、生活任务和企业服务任务6类任务智能分配模型各输出变量的灵敏度，表6-2汇总了各任务类别下各输入变量的灵敏度结果。

表 6-2 其他 6 种任务类别智能分配模型输入变量的灵敏度（悬赏招标制）

输入变量	开发类		文案类		营销类		装修类		生活类		企业服务类	
	1%正向扰动（%）	-1%负向扰动（%）	1%正向扰动（%）	-1%负向扰动（%）	1%正向扰动（%）	-1%负向扰动（%）	1%正向扰动（%）	-1%负向扰动（%）	1%正向扰动（%）	-1%负向扰动（%）	1%正向扰动（%）	-1%负向扰动（%）
接收方案的数量	0. 18	-0. 29	0. 15	-0. 28	0. 16	-0. 20	0. 18	-0. 28	0. 15	-0. 26	0. 16	-0. 24
接包者注册时间	0. 07	-0. 14	0. 07	-0. 12	0. 08	-0. 16	0. 07	-0. 14	0. 08	-0. 13	0. 07	-0. 13
接包者活跃时间	0. 14	-0. 26	0. 20	-0. 19	0. 20	-0. 21	0. 13	-0. 19	0. 14	-0. 18	0. 17	-0. 26
历史接包数量	0. 04	-0. 03	0. 04	-0. 04	0. 03	-0. 04	0. 04	-0. 03	0. 04	-0. 03	0. 04	-0. 04
历史成功接包数量	0. 15	-0. 19	0. 18	-0. 21	0. 15	-0. 17	0. 17	-0. 23	0. 19	-0. 19	0. 14	-0. 22
历史发包数量	0. 11	-0. 23	0. 13	-0. 19	0. 13	-0. 28	0. 12	-0. 28	0. 16	-0. 25	0. 17	-0. 27
历史成功发包数量	0. 29	-0. 33	0. 31	-0. 26	0. 30	-0. 31	0. 31	-0. 23	0. 27	-0. 34	0. 27	-0. 24
金额匹配度	0. 40	-0. 54	0. 30	-0. 44	0. 40	-0. 40	0. 37	-0. 48	0. 39	-0. 54	0. 33	-0. 57
时间匹配度	0. 12	-0. 15	0. 10	-0. 14	0. 15	-0. 11	0. 12	-0. 11	0. 12	-0. 13	0. 11	-0. 16
类别匹配度	1. 37	-1. 58	1. 30	-1. 41	1. 29	-1. 05	1. 43	-1. 19	1. 12	-1. 21	1. 67	-1. 88
接包者账号等级	0. 25	-0. 31	0. 28	-0. 30	0. 22	-0. 24	0. 27	-0. 27	0. 23	-0. 35	0. 25	-0. 24
发包者账号等级	0. 12	-0. 13	0. 12	-0. 13	0. 13	-0. 13	0. 13	-0. 18	0. 10	-0. 12	0. 15	-0. 13

续表

输入变量	开发类		文案类		营销类		装修类		生活类		企业服务类	
	1%正向扰动（%）	-1%负向扰动（%）	1%正向扰动（%）	-1%负向扰动（%）	1%正向扰动（%）	-1%负向扰动（%）	1%正向扰动（%）	-1%负向扰动（%）	1%正向扰动（%）	-1%负向扰动（%）	1%正向扰动（%）	-1%负向扰动（%）
接包者累计获得金额	0.20	-0.21	0.22	-0.28	0.24	-0.25	0.16	-0.26	0.16	-0.28	0.19	-0.27
任务描述程度	0.35	-0.53	0.23	-0.53	0.37	-0.46	0.30	-0.45	0.32	-0.44	0.37	-0.59
接包者网络规模	0.16	-0.12	0.15	-0.14	0.12	-0.14	0.19	-0.14	0.19	-0.17	0.15	-0.17
发包者网络规模	0.16	-0.22	0.13	-0.26	0.19	-0.25	0.16	-0.16	0.21	-0.24	0.15	-0.19
历史选稿周期	-0.11	0.08	-0.13	0.07	-0.12	0.08	-0.12	0.10	-0.14	0.09	-0.16	0.11
任务浏览量	0.08	-0.13	0.08	-0.10	0.09	-0.14	0.08	-0.16	0.08	-0.13	0.06	-0.11
发包金额	0.09	-0.25	0.11	-0.30	0.13	-0.20	0.13	-0.30	0.09	-0.19	0.11	-0.23
联系频率	0.22	-0.34	0.16	-0.25	0.17	-0.24	0.17	-0.24	0.17	-0.29	0.17	-0.25

从表6-2可以看出，对于开发任务、文案任务、营销任务、装修任务、生活任务和企业服务任务来说，在正向扰动方面和负向扰动方面，成交绩效均对类别匹配度敏感程度最高。

6.1.2.2 雇佣制分配模型的灵敏度计算

根据第5章的分析结果，对于雇佣制的众包模式来说，智能分配系统的输入变量共有14个，分别为接包者注册时间、接包者活跃时间、历史接包数量、历史成功接包数量、历史发包数量、历史成功发包数量、金额匹配

度、时间匹配度、类别匹配度、接包者账号等级、发包者账号等级、接包者累计获得金额、接包者网络规模和发包者网络规模。

本书选取占比最多的开发类任务作为案例进行分析。

神经网络模型灵敏度分析的步骤如下：

首先，运用抓取的 2.99 万组开发类任务的样本，训练第 5 章构建的智能分配模型，得到训练好的神经网络结构。

其次，随机选取 0.60 万组样本，分别给 14 个输入变量加以 1%的扰动（为避免输入变量超出实际范围，在加以 1%的负向扰动时，剔除当前输入变量处于最小值的样本；在加以 1%的正向扰动时，剔除当前输入变量处于最大值的样本），并用训练好的模型计算出扰动前后的输出变量。

最后，计算出输出变量在扰动前后的波动幅度，并计算该波动幅度的平均值，该平均值即为给定输入变量的灵敏度。最终的灵敏度计算结果见表 6-3。

表 6-3　智能分配模型的灵敏度计算结果（雇佣制，开发类任务）

输入变量	1%正向扰动（%）	1%负向扰动（%）	输入变量	1%正向扰动（%）	1%负向扰动（%）
接包者注册时间	0.08	-0.12	时间匹配度	0.12	-0.13
接包者活跃时间	0.16	-0.25	类别匹配度	1.37	-1.49
历史接包数量	0.05	-0.13	接包者账号等级	0.38	-0.46
历史成功接包数量	0.44	-0.63	发包者账号等级	0.11	-0.14
历史发包数量	0.11	-0.17	接包者累计获得金额	0.19	-0.21
历史成功发包数量	0.26	-0.33	接包者网络规模	0.07	-0.09
金额匹配度	0.51	-0.60	发包者网络规模	0.33	-0.49

从表 6-3 可以看出，对于开发类任务来说，在正向扰动方面，智能分配模型对类别匹配度最为敏感，1%的正向会带来成交绩效 1.37%的提升，其

次分别是金额匹配度、历史成功接包数量、接包者账号等级、发包者网络规模、历史成功发包数量、接包者累计获得金额、接包者活跃时间、时间匹配度、历史发包数量、发包者账号等级、接包者注册时间、接包者网络规模和历史接包数量。在负向扰动方面，智能分配模型同样对类别匹配度最为敏感，1%的负向会导致成交绩效 1.49%的下降，其次分别是历史成功接包数量、金额匹配度、发包者网络规模、接包者账号等级、历史成功发包数量、接包者活跃时间、接包者累计获得金额、历史发包数量、发包者账号等级、时间匹配度、历史接包数量、接包者注册时间和接包者网络规模。

按照开发类任务智能分配模型的灵敏度计算方法，可以分别计算出设计任务、文案任务、营销任务、装修任务、生活任务和企业服务任务 6 类任务智能分配模型各输出变量的灵敏度，表 6-4 汇总了各任务类别下各输入变量的灵敏度结果。

表 6-4　其他 6 种任务类别智能分配模型输入变量的灵敏度（雇佣制）

输入变量	设计类		文案类		营销类		装修类		生活类		企业服务类	
	1%正向扰动（%）	-1%负向扰动（%）	1%正向扰动（%）	-1%负向扰动（%）	1%正向扰动（%）	-1%负向扰动（%）	1%正向扰动（%）	-1%负向扰动（%）	1%正向扰动（%）	-1%负向扰动（%）	1%正向扰动（%）	-1%负向扰动（%）
接包者注册时间	0.10	-0.09	0.08	-0.10	0.06	-0.10	0.07	-0.11	0.10	-0.12	0.10	-0.12
接包者活跃时间	0.18	-0.27	0.16	-0.23	0.19	-0.23	0.16	-0.29	0.15	-0.19	0.15	-0.30
历史接包数量	0.05	-0.14	0.06	-0.13	0.04	-0.13	0.06	-0.12	0.04	-0.12	0.06	-0.16
历史成功接包数量	0.38	-0.57	0.33	-0.65	0.48	-0.58	0.34	-0.72	0.46	-0.59	0.50	-0.71

续表

输入变量	设计类		文案类		营销类		装修类		生活类		企业服务类	
	1%正向扰动（%）	-1%负向扰动（%）	1%正向扰动（%）	-1%负向扰动（%）	1%正向扰动（%）	-1%负向扰动（%）	1%正向扰动（%）	-1%负向扰动（%）	1%正向扰动（%）	-1%负向扰动（%）	1%正向扰动（%）	-1%负向扰动（%）
历史发包数量	0. 11	-0. 14	0. 08	-0. 19	0. 10	-0. 15	0. 10	-0. 20	0. 14	-0. 19	0. 13	-0. 18
历史成功发包数量	0. 22	-0. 41	0. 27	-0. 28	0. 28	-0. 27	0. 22	-0. 38	0. 32	-0. 27	0. 24	-0. 28
金额匹配度	0. 54	-0. 72	0. 60	-0. 67	0. 53	-0. 70	0. 63	-0. 70	0. 62	-0. 63	0. 60	-0. 54
时间匹配度	0. 12	-0. 11	0. 11	-0. 11	0. 15	-0. 14	0. 12	-0. 13	0. 11	-0. 12	0. 10	-0. 14
类别匹配度	1. 30	-1. 37	1. 14	-1. 15	1. 41	-1. 63	1. 44	-1. 48	1. 09	-1. 12	1. 46	-1. 65
接包者账号等级	0. 39	-0. 45	0. 42	-0. 46	0. 37	-0. 53	0. 39	-0. 42	0. 46	-0. 43	0. 34	-0. 50
发包者账号等级	0. 13	-0. 17	0. 14	-0. 14	0. 14	-0. 17	0. 13	-0. 11	0. 13	-0. 11	0. 12	-0. 11
接包者累计获得金额	0. 21	-0. 25	0. 16	-0. 19	0. 20	-0. 24	0. 23	-0. 25	0. 19	-0. 16	0. 23	-0. 16
接包者网络规模	0. 07	-0. 10	0. 08	-0. 07	0. 08	-0. 09	0. 07	-0. 07	0. 08	-0. 07	0. 08	-0. 10
发包者网络规模	0. 35	-0. 51	0. 29	-0. 59	0. 26	-0. 51	0. 41	-0. 39	0. 34	-0. 49	0. 34	-0. 53

从表 6-4 可以看出，对于设计任务、文案任务、营销任务、装修任务、生活任务和企业服务任务来说，在正向扰动方面和负向扰动方面，成交绩效均对类别匹配度敏感程度最高。

6.2 众包平台运行机制的优化措施分析

随着众包平台的快速发展，目前国内主要的众包平台，像猪八戒网、一品威客网和时间财富网，每天活跃的接包者、发包者、发布的任务量、成交金额等都达到了相当量级。仅仅依靠传统的任务分配模式（即发包者按照任务类别发布任务，然后接包者按照任务类别挑选任务；接包者按照类别展示自己的擅长领域和成功接包案例，发包者按照任务类别挑选接包者）已不能满足平台发展的需要，并在一定程度上制约了平台的发展。主要包括：①传统任务分配模式分配效率低下，悬赏招标制模式下，接包者需要从大量的任务中挑选出自己合适的项目，而且还需要面临大量其他接包者的竞争，中标任务的难度日益加大；雇佣制模式下，发包者需要在众多接包者中挑选出合适的接包对象，挑选难度也日益加大。②由于缺乏一套完备的监管约束机制，大量能力平平的接包者充斥平台，导致产生大量低质量接包方案，甚至出现一些恶意接包方案和欺诈行为，严重影响了发包者的发包体验和接包者的参与积极性。针对这些问题，目前国内主要的众包平台也都在积极寻求各种改良方案，以期更好地促进平台的发展。本节将结合智能分配模型的分析以及对应的灵敏度分析结果提出以下优化建议：

（1）建立量化机制，对接包者和发包者各项主要参数进行量化。实现智能分配的前提是需要提供足够多而且相对准确的基础数据。在本书提出的智能分配模型中，悬赏招标制需要对接包者账号等级、发包者账号等级、接包者历史接包类别、接包者历史接包金额等 20 个因素进行量化，雇佣制需要对接包者活跃情况、发包者网络规模、接包者历史接包类别等 14 个因素进

行量化。对于众包平台来说，每天都能够积累关于接包者、发包者、众包任务等的大量数据。从技术上来说，通过对这些数据进行挖掘，实现对主要因素的量化不仅可行而且难度并不大。其中，本书第 3 章中表 3-1 给出了 21 个因素的量化方式。

（2）建立智能分配机制。在条件具备的情况下，可以探索建立众包任务智能分配机制。初步实施阶段，可以建立关键信息标识机制、重要信息提醒机制，以提高任务与接包者的匹配程度，提高众包平台的整体成交效率，促进平台的良好有序发展。实施一定时间后，可以逐步对智能分配机制进行完善，例如建立本研究提出的智能分配模型，通过对历史样本的训练，构建各影响因素与成交绩效的网络结构，从而实现对不同因素取值下成交绩效的预测，通过寻优为众包任务匹配成交绩效最佳的结合方案。

（3）对接包者、发包任务进行关键信息标识。例如类别匹配度对成交绩效影响较大，可以对接包者的擅长任务类别进行标识，尤其是历史成功接包占比最高类别的标识。如果出现在任务匹配过程中类别存在不匹配的情况，可以给出提示信息。还可以将接包者历史参与信息，例如累计接包数量、累计成功接包数量等在其个人页面进行标识。对发包者历史参与信息，例如历史选稿周期、历史成功发包数量、历史任务金额等信息进行标识。通过这些标识信息来降低发包者和接包者双方之间的信息不对称程度，以提高两者的匹配程度，从而提高众包任务的成交绩效。

（4）建立优先级，按照灵敏度高低着手改善主要影响因素。例如，对于悬赏招标制的众包任务来说，灵敏度基本按照类别匹配度、金额匹配度、任务描述程度、接包者账号等级、历史成功发包数量、接包者累计获得金额、联系频率、历史成功接包数量、接包者活跃时间等从高到低排列。对于这种模式的众包任务，应优先提高任务匹配过程中的类别匹配度、金额匹配度等。

（5）尝试创新众包交易模式。虽然本书主要针对悬赏招标制和雇佣制两种交易模式进行分析，但在分析过程中发现两种交易模式都有较大的局限性。而且国内目前主要众包平台都有朝着专业外包平台发展的趋势，接包者由最初以个体为主逐渐发展为以团队为主；发包者由最初以个人为主逐渐发展为以企业为主。这将使得众包平台逐渐丧失挖掘大众创新创造能力的优势。这一现象的出现和强化与当前交易模式和分配方式不无关系。因为在现有的交易模式和分配机制下，以团队方式参与竞标的竞争力明显高于以个人方式参与竞标的竞争力。

（6）强化接包者权益保护。从灵敏度分析结果来看，成交绩效对匹配程度和接包者相关因素的敏感程度均较高。因此，众包平台有必要适当调整策略，强化对接包者权益的保护。而目前国内主要众包平台在机制设计方面，仍然以维护发包者利益为主，对接包者利益考虑较少，觉得只要有任务就会有人解决。但从长远来看，不考虑接包者的利益，接包者迟早会弃社区而去。

6.3 本章小结

本章首先分析了智能分配模型中各输入变量的灵敏度。由于智能分配模型采用的遗传算法和 BP 神经网络混合的算法在灵敏度分析上不同于具有具体函数关系模型的灵敏度分析，因此，本章对灵敏度分析方法进行了归纳，并总结了适合神经网络模型的灵敏度分析方法。其次分别分析了悬赏招标制和雇佣制两种模式下众包任务智能分配模型各输入变量的灵敏度。在悬赏招标制模式下，灵敏度基本按照类别匹配度、金额匹配度、任务描述程度、接包者账号等级、历史成功发包数量等从高到低排列；在雇佣制模式下，灵敏度基本按照类别匹配度、金额匹配度、历史成功接包数量、接包者账号等级、发包者网络规模等从高到低排列。其后，结合智能分配模型的分析以及对应的灵敏度分析结果，从建立量化机制，建立智能分配机制，对接包者、发包任务进行关键信息标识，建立优先级，尝试创新众包交易模式，强化接包者权益保护6个方面提出了运行机制的优化建议。

第 7 章　研究总结和未来研究的方向

7.1　研究总结

众包模式经过 10 多年的发展，目前已形成以 AMT 众包平台、猪八戒网、一品威客网为代表的大型众包平台。随着众包平台规模的日益扩大，传统任务分配方式的局限性日益凸显。本书围绕众包平台的任务分配，从众包平台任务成交绩效的主要影响因素和影响机制以及众包任务智能分配的角度展开了分析，现将主要研究内容总结如下：

（1）提出问题。从已有研究成果来看，目前规模较大的众包平台普遍存在发包者与接包者之间信息不对称严重、信任程度较低、大量低质量投标方案充斥平台、分配效率低下等问题。现有模式在众包信任评价机制、提高众包质量和构建众包任务智能分配模型方面仍存在不少提升空间。

（2）确定研究方法。结构方程是厘清复杂网络关系中不同因素之间影响关系的有效方式。在众包平台中，接包者、发包者和众包平台构成了复杂的网络关系，利用结构方程可以有效地梳理众包任务成交绩效的主要影响因素以及影响机制。推荐系统已被广泛应用于各类匹配过程中，例如手机淘宝的主页可以根据用户的历史数据做到千人千面、各类征婚平台可以为注册会员推荐匹配的征婚对象等，在众包平台中构建智能推荐系统，实现众包任务的智能分配能够有效提高分配效率和成交绩效。遗传算法与神经网络相结合的算法为众包平台智能推荐系统的构建提供了良好的算法支撑。

（3）梳理影响因素。本书主要归纳了接收方案的数量、接包者注册时间、接包者活跃时间、历史接包数量、历史成功接包数量、历史发包数量、历史成功发包数量、金额匹配度、时间匹配度、类别匹配度、接包者账号等级、发包者账号等级、接包者累计获得金额、任务描述详细程度、接包者网络规模、发包者网络规模、历史选稿周期、任务浏览量、发包金额、任务给定时间和联系频率 21 个因素。在调节因素方面，本书归纳了各类别日均发布任务数和各类别日均参与接包的人数两个因素。悬赏招标制模式下，影响众包任务成交绩效的主要因素可以归纳为接包者经验、发包者经验、众包任务关注度、接包者能力、匹配度和发包者重视程度 6 个方面；雇佣制模式下，影响众包任务成交绩效的主要因素可以归纳为接包者经验、发包者经验、接包者能力、匹配度 4 个方面。

（4）探究影响路径。本书根据探索性因子分析结果，结合相关研究成果和众包平台的实际运行情况，针对悬赏招标制和雇佣制分别提出若干假设，构建对应的结构方程模型并求解。具体影响路径为：悬赏招标制模式下，接包者经验、发包者经验、匹配度、接包者能力、任务关注度和发包者重视程度都对成交绩效存在显著的正向影响。雇佣制模式下，发包者经验、匹配度和接包者能力对成交绩效存在显著的正向影响。两种模式下，匹配度的影响程度均最大。各类别日均参与接包人数和各类别日均发布任务数均具有一定的调节作用。在众包平台的运行过程中，应重点采取措施提高任务匹配度，强化接包者和发包者的参与程度。

（5）构建众包任务智能分配模型。本书基于 BP 神经网络和遗传算法提出了一种针对众包平台众包任务分配的智能分配模型。并以一品威客网中悬赏招标制和雇佣制两种众包模式为例分别进行了案例分析，为众包平台构建众包任务智能分配模型提供参考。

（6）灵敏度分析和运行机制优化。本书对一品威客平台悬赏招标制和雇佣制两种模式下众包任务智能分配模型各输入变量的灵敏度进行了分析。在悬赏招标制模式下，灵敏度基本按照类别匹配度、金额匹配度、任务描述程度、接包者账号等级、历史成功发包数量等从高到低排列；在雇佣制模式下，灵敏度基本按照类别匹配度、金额匹配度、历史成功接包数量、接包者账号等级、发包者网络规模等从高到低排列。然后，从建立量化机制，建立智能分配机制，对接包者、发包任务进行关键信息标识，建立优先级，尝试创新众包交易模式，强化接包者权益保护 6 个方面提出了众包平台运行机制的优化建议。

7.2 局限与后续研究建议

在研究开展过程中，主要存在以下局限：

（1）数据抓取难度大。通过 Web 爬虫的方式虽然可以轻易抓取未被屏蔽处理的网页，但当网页数量较大时，抓取过程需要的时间也会很长。本书选取的一品威客网虽然未对 Web 爬虫作屏蔽处理，但是需要抓取的网页数量超过了 280 万，整个抓取过程将近花费了 27 天。而且通过整理后发现，由于各种因素影响，导致部分抓取的数据并不完整，因此剔除了 8 万组样本。此外，本书在因素归纳过程中，由于考虑到部分因素量化数据获取难度过大，故放弃了部分因素。

（2）实践经验欠缺。笔者在研究过程中虽然查看了大量的相关研究成果，与部分有过众包接包经验的朋友做过访谈，深入分析了 AMT、猪八戒网、一品威客网等众包平台的运行机制。但笔者并未真正参与众包平台的接包，也无众包平台的运行管理经验。由于实践经验的欠缺，导致在研究过程中经常碰壁，尤其在研究前期，提出的设想经常出现与实际情况偏离的问题。幸运的是在研究过程中得到了一些有实践经验的朋友的帮助，才逐渐理顺接包者、发包者与众包平台之间错综复杂的关系网络。

（3）研究范围有限。本书虽然基于 BP 神经网络和遗传算法提出了一种针对众包平台众包任务分配的智能分配模型。但该分配模型主要是结合一品威客网的运行情况而构建的，针对的是悬赏招标制和雇佣制两种众包模式。而实际上，众包平台都有自己的运行机制，不同平台之间存在一定的差异。

针对本书的主要内容和上述不足提出以下三方面建议：

（1）与众包平台开展合作。后续研究可以尝试与众包平台展开合作。一方面，对于众包平台来说，它们亟须对现有运行机制进行优化调整，但普遍缺乏具体优化方案；另一方面，通过合作可以轻易地获取大量数据，为展开深入分析提供支持，同时还可以通过邀请具有丰富实践经验的平台方加入研究队伍中，以弥补理论研究过程中实践经验欠缺的问题。

（2）对众包任务提交方案的质量展开研究。由于数据获取原因，通过 Web 爬虫无法获取各任务提交的方案内容，因此，只能舍弃方案质量这一重要因素。而本书在众包平台发展和运行现状分析中指出，当前众包平台面临着低质量接包方充斥的严重问题。建立质量评价和监督机制则是解决这一问题的重要途径，后续如果能够开展与众包平台的合作，可以通过文本挖掘等方式，深入分析众包任务提交方案的质量，并尝试建立一种用于质量评价和监督的方案。

（3）拓展研究范围。可以选取猪八戒网，或者国外的 Amazon Mechanical Turk 作为主要研究对象，甚至可以综合多个平台以拓展研究范围。在此基础上再分析众包任务成交绩效的主要影响因素和影响路径，构建众包任务智能分配模型。

参考文献

[1] Adomavicius G. Incorporating Contextual Information in Recommender Systems Using a Multidimensional Approach [J]. Acm Transactions on Information Systems, 2005, 23 (1): 103-145.

[2] Borgatti M., Lertora F., Foret B., et al. A Reconfigurable System Featuring Dynamically Extensible Embedded Microprocessor, FPGA, and Customizable I/O [J]. Solid-State Circuits, IEEE Journal of, 2003, 38 (3): 521-529.

[3] Chen K., Gong S., Xiang T., et al. Cumulative Attribute Space for Age and Crowd Density Estimation [C] //Computer Vision & Pattern Recognition, 2013.

[4] Chen K. T., Chang C. J., Wu C. C., et al. Quadrant of Euphoria: A Crowdsourcing Platform for QoE Assessment [J]. Network IEEE, 2010, 24 (2): 28-35.

[5] Cheung J. H., Burns D. K., Sinclair R. R., et al. Amazon Mechanical Turk in Organizational Psychology: An Evaluation and Practical Recommendations [J]. Journal of Business & Psychology, 2017, 32 (4): 1-15.

[6] Daniel F., Kucherbaev P., Cappiello C., et al. Quality Control in

Crowdsourcing: A Survey of Quality Attributes, Assessment Techniques, and Assurance Actions [J]. Acm Computing Surveys, 2018, 51 (1): 1-40.

[7] Devanur N. R., Hayes T. P. The Adwords Problem: Online Keyword Matching with Budgeted Bidders under Random Permutations [C] //Acm Conference on Electronic Commerce, 2009.

[8] Difallah D. E., Catasta M., Demartini G., et al. The Dynamics of Micro-Task Crowdsourcing: The Case of Amazon MTurk [C] //International Conference on World Wide Web, 2015.

[9] Doan A. H., Ramakrishnan R., Halevy A. Y. Crowdsourcing Systems on the World-Wide Web [J]. Communications of the Acm, 2011, 54 (4): 86-96.

[10] Escobar-Rodríguez T., Bonsón-Fernández R. Analysing Online Purchase Intention in Spain: Fashion E-commerce [J]. Information Systems and e-Business Management, 2017, 15 (3): 1-24.

[11] Fernandes T., Remelhe P. How to Engage Customers in Co-Creation: Customers' Motivations for Collaborative Innovation [J]. Journal of Strategic Marketing, 2016, 24 (3): 1-16.

[12] Gong Y., Wei L., Guo Y., et al. Optimal Task Recommendation for Mobile Crowdsourcing With Privacy Control [J]. IEEE Internet of Things Journal, 2017, 3 (5): 745-756.

[13] Gonzalez R., Ebrahimi M., Czermak P. Experimental and Modeling Study of Galactosyl-Oligosaccharides Formation in Continuous Recycle Membrane Reactors (CRMR) [J]. Open Food Science Journal, 2009, 3 (1): 111-117.

[14] Granovetter M. Economic Institutions as Social Constructions: A Framework for Analysis [J]. Acta Sociologica, 1992, 35 (1): 3-11.

[15] Granovetter M. The Strength of Weak Ties: A Network Theory Revisited

[J]. Sociological Theory, 1983, 1 (6): 201-233.

[16] Gross B. M. Management Strategy for Economic and Social Development: Part I [J]. Policy Sciences, 1971, 2 (4): 339-371.

[17] Hebb A. O., Cusimano M. D. Idiopathic Normal Pressure Hydrocephalus: A Systematic Review of Diagnosis and Outcome [J]. Neurosurgery, 2001, 49 (5): 1166.

[18] Ho C. J., Jabbari S., Vaughan J. W. Adaptive Task Assignment for Crowdsourced Classification [C] //International Conference on International Conference on Machine Learning, 2013.

[19] Ho C. J., Vaughan J W. Online Task Assignment in Crowdsourcing markets [C] // Twenty-sixth Aaai Conference on Artificial Intelligence, 2012.

[20] Howe Jeff. The rise of Crowdsourcing [J]. Wired Magazine, 2006, 14 (6): 1-5.

[21] Ipeirotis P. G., Gabrilovich E. Quizz: Targeted Crowdsourcing with a Billion (Potential) Users [C] //International Conference on World Wide Web, 2014.

[22] Ipeirotis P. G. Analyzing the Amazon Mechanical Turk Marketplace [J]. Social Science Electronic Publishing, 2010, 17 (2): 16-21.

[23] Iren D., Bilgen S. Cost Models of Quality Assurance in Crowdsourcing [C] //IEEE Fifth International Conference on Communications & Electronics, 2014.

[24] Jing W., Xu Z., Cao Y., et al. Wavelet-based Texture Model for Crowd Dynamic Analysis [C] //International Conference on Automation & Computing, 2017.

[25] Kamat V. B., Kittur J. K. Quantifying the Quality of Higher and Techni-

cal Education: Salient Perspectives [J]. International Journal of System Assurance Engineering & Management, 2017, 8 (2): 515-527.

[26] Kittur A., Kraut R. E. Harnessing the Wisdom of Crowds in Wikipedia: Quality through Coordination [C] //Acm Conference on Computer Supported Cooperative Work, 2008.

[27] Kivelä S. Active Citizenship, Public Sector and the Markets: Freedom of Choice as a State Project in Health Care [J]. Geoforum, 2018 (91): 160-169.

[28] Manral L. The Customer-Centric Logic of Multi-Product Corporations [J]. Journal of Strategy & Management, 2016, 9 (1): 74-92.

[29] Marjanovic O., Murthy V. From Product-Centric to Customer-Centric Services in a Financial Institution-Exploring the Organizational Challenges of the Transition Process [J]. Information Systems Frontiers, 2016, 18 (3): 479-497.

[30] Mayer R. C., Davis J. H., Schoorman F D. An Integrative Model of Organizational Trust [J]. Academy of Management Review, 1995, 20 (3): 709-734.

[31] Peer E., Brandimarte L., Samat S., et al. Beyond the Turk: Alternative platforms for Crowdsourcing Behavioral Research [J]. Journal of Experimental Social Psychology, 2017 (70): 153-163.

[32] Phelps E. S. Understanding the Great Changes in the World: Gaining Ground and Losing Ground since World War Ⅱ [J]. Capitalism & Society, 2006, 1 (2): 3.

[33] Rampersad G., Quester P., Troshani I. Examining Network Factors: Commitment, Trust, Coordination and Harmony [J]. Journal of Business & Industrial Marketing, 2010, 25 (7): 487-500.

[34] Salehi F., Prasher S. O., Amin S., et al. Prediction of Annual Nitrate-N Losses in Drain Outflows with Artificial Neural Networks [J]. Transactions of

the Asae American Society of Agricultural Engineers, 2000, 43 (5): 1137-1143.

[35] Sfetsos P. Money, Glory and Cheap Talk: Analyzing Strategic Behavior of Contestants in Simultaneous Crowdsourcing Contests on TopCoder. com [C] // International Conference on World Wide Web, 2010.

[36] Shirahama K., Grzegorzek M. Towards Large-Scale Multimedia Retrieval Enriched by Knowledge about Human Interpretation [J]. Multimedia Tools & Applications, 2016, 75 (1): 297-331.

[37] Tapscott D., Williams A. D. Wikinomics: How Mass Collaboration Changes Everything [M]. Lodon: Portfolio, 2006.

[38] Tran-Thanh L., Venanzi M., Rogers A., et al. Efficient Budget Allocation with Accuracy Guarantees for Crowdsourcing Classification Tasks [C] // Twelfth International Conference on Autonomous Agents & Multi - agent Systems, 2013.

[39] Tung Y. H., Tseng S. S. A Novel Approach to Collaborative Testing in a Crowdsourcing Environment [J]. Journal of Systems & Software, 2013, 86 (8): 2143-2153.

[40] Ulaga W. The Journey towards Customer Centricity and Service Growth in B2B: A Commentary and Research Directions [J]. Ams Review, 2018 (10): 1-4.

[41] Weinberg J., Freese J., Mcelhattan D. Comparing Data Characteristics and Results of an Online Factorial Survey between a Population - Based and a Crowdsource-Recruited Sample [J]. Sociological Science, 2014, 1 (2): 292-310.

[42] Xie H., Lui J. C. S., Towsley D. Design and Analysis of Incentive and Reputation Mechanisms for Online Crowdsourcing Systems [J]. Acm Transactions on Modeling & Performance Evaluation of Computing Systems, 2016, 1 (3):

1-27.

[43] Ye B., Yan W., Ling L. Crowd Trust: A Context-Aware Trust Model for Worker Selection in Crowdsourcing Environments [C] //IEEE International Conference on Web Services, 2015.

[44] Yu L., Nickerson J. V. Cooks or Cobblers: Crowd Creativity through Combination [C] //Sigchi Conference on Human Factors in Computing Systems, 2011.

[45] Zwass V. Co-Creation: Toward a Taxonomy and an Integrated Research Perspective [J]. International Journal of Electronic Commerce, 2010, 15 (1): 11-48.

[46] 白小瑜. 从社会网络的“洞”中获利——伯特的“结构洞”理论评析 [J]. 重庆邮电大学学报（社会科学版），2009，21（4）：98-102.

[47] 蔡荣辉，崔雨轩，薛培静. 三层 BP 神经网络隐层节点数确定方法探究 [J]. 电脑与信息技术，2017，25（5）：29-33.

[48] 陈丹. 威客模式的传媒经济学解读 [J]. 今传媒，2008（3）：56-58.

[49] 成静，葛璐琦，张涛，等. 移动应用众包测试质量影响因素分析 [J]. 计算机应用，2018，38（9）：2626-2630.

[50] 初翔，仲秋雁. 支持工作者位置隐私保护的众包质量控制模型 [J]. 系统工程理论与实践，2016，36（8）：2047-2055.

[51] 邓辉咏，王炎，郝刚，等. 一种适用复杂非线性黑箱系统的参数灵敏度分析方法 [J]. 火炮发射与控制学报，2016，37（1）：12-15.

[52] 郭文波，张朋柱，葛如一. 基于过程模型的众包市场信任增进机制 [J]. 系统管理学报，2016，25（1）：115-120.

[53] 郝琳娜，侯文华，张李浩，等. 基于众包虚拟社区的诚信保障和

信誉评价机制研究［J］. 系统工程理论与实践，2014，34（11）：2837-2848.

［54］何健，万抒. 基于行为认知的网络信任动态评估方法研究［J］. 通信技术，2016，49（9）：1229-1234.

［55］洪玮，崔杜武. 函数优化的遗传算法策略优选［J］. 计算机工程与设计，2010，31（13）：3043-3046.

［56］胡昭阳. 众包科学：网络传播语境下的公众参与创新［D］. 合肥：中国科学技术大学，2015.

［57］黄根，罗滇生，李帅虎，等. 基于综合灵敏度分析限流的最优断线措施［J］. 电网技术，2016，40（1）：309-315.

［58］姜晓萍，张璇. 智慧社区的关键问题：内涵、维度与质量标准［J］. 上海行政学院学报，2017，18（6）：4-13.

［59］郎国伟，周东方，胡涛，等. 基于遗传算法和神经网络的故障诊断研究［J］. 信息工程大学学报，2017，18（2）：140-142.

［60］林南. 社会资本：关于社会结构与行动的理论［M］. 上海：上海人民出版社，2005.

［61］林素芳. 基于众包参与者网络的众包绩效提升研究［D］. 泉州：华侨大学，2012.

［62］刘秀秀，李劲华. 基于信誉度的众包任务分配方法的研究［J］. 青岛大学学报（自然科学版），2017（4）：95-100.

［63］刘友金，刘莉君. 基于混沌理论的集群式创新网络演化过程研究［J］. 科学学研究，2008，26（1）：185-190.

［64］马瑀擎. 企业国际贸易方式创新研究——基于网络技术全球化视角下［J］. 商场现代化，2010（24）：7-8.

［65］孟韬，张媛，董大海，等. 基于威客模式的众包参与行为影响因素研究［J］. 中国软科学，2014（12）：112-123.

[66] 孟祥武，胡勋，王立才，等. 移动推荐系统及其应用 [J]. 软件学报，2013，24 (1)：91-108.

[67] 莫凡. 网络威客的社会影响力 [J]. 新闻爱好者，2011 (8)：27-28.

[68] 邱少平. 浅谈互联网众包对现代企业管理模式创新的启示 [J]. 当代经济，2018，480 (12)：102-103.

[69] 施战，辛煜，孙玉娥，等. 基于用户可靠性的众包系统任务分配机制 [J]. 计算机应用，2017，37 (9)：2449-2453.

[70] 王成，朱志刚，张玉侠，等. 基于用户的协同过滤算法的推荐效率和个性化改进 [J]. 小型微型计算机系统，2016，37 (3)：428-432.

[71] 王立才，孟祥武，张玉洁. 上下文感知推荐系统 [J]. 软件学报，2012，23 (1)：1-20.

[72] 吴彦文，齐旻，杨锐. 一种基于改进型协同过滤算法的新闻推荐系统 [J]. 计算机工程与科学，2017，39 (6)：1179-1185.

[73] 杨从锐，钱谦，王锋，等. 改进的自适应遗传算法在函数优化中的应用 [J]. 计算机应用研究，2018，35 (4)：1042-1045.

[74] 叶伟巍，朱凌. 面向创新的网络众包模式特征及实现路径研究 [J]. 科学学研究，2012，30 (1)：145-151.

[75] 俞集辉，韦俊涛，彭光金，等. 基于人工神经网络的参数灵敏度分析模型 [J]. 计算机应用研究，2009，26 (6)：2279-2281.

[76] 袁桂丽，张健华，王田宏，等. 基于 TOPSIS 灰色关联投影法的火电厂节能综合评价与权重灵敏度分析 [J]. 动力工程学报，2015，35 (5)：404-411.

[77] 张亭亭，赵宇翔，朱庆华. 众包社区中基于敏感性分析的用户偏好挖掘模型及实验 [J]. 数据分析与知识发现，2018，17 (5)：27-35.

[78] 张新猛，蒋盛益，李霞，等. 基于网络和标签的混合推荐算法

[J]. 计算机工程与应用，2015，51（1）：119-124.

[79] 朱郁筱，吕琳媛. 推荐系统评价指标综述 [J]. 电子科技大学学报，2012，41（2）：163-175.

附录一　国家发展改革委等部门关于推动平台经济规范健康持续发展的若干意见[①]

发改高技〔2021〕1872号

各省、自治区、直辖市、新疆生产建设兵团有关部门：

平台经济是以互联网平台为主要载体，以数据为关键生产要素，以新一代信息技术为核心驱动力、以网络信息基础设施为重要支撑的新型经济形态。近年来，我国平台经济快速发展，在经济社会发展全局中的地位和作用日益突显。要坚持以习近平新时代中国特色社会主义思想为指导，全面贯彻党的十九大和十九届历次全会精神，深入落实党中央、国务院决策部署，立足新发展阶段、贯彻新发展理念、构建新发展格局，推动高质量发展，从构筑国家竞争新优势的战略高度出发，坚持发展和规范并重，坚持“两个毫不动摇”，遵循市场规律，着眼长远、兼顾当前，补齐短板、强化弱项，适应平台经济发展规律，建立健全规则制度，优化平台经济发展环境。为进一步推动平台经济规范健康持续发展，现提出以下意见。

---

①　摘自中华人民共和国国家发展和改革委员会官方网站（https//www.ndrc.gov.cn/），正文只对体例和部分标点符号进行了修改。

一、健全完善规则制度

（一）完善治理规则

修订《反垄断法》，完善数据安全法、个人信息保护法配套规则。制定出台禁止网络不正当竞争行为的规定。细化平台企业数据处理规则。制定出台平台经济领域价格行为规则，推动行业有序健康发展。完善金融领域监管规则体系，坚持金融活动全部纳入金融监管，金融业务必须持牌经营。

（二）健全制度规范

厘清平台责任边界，强化超大型互联网平台责任。建立平台合规管理制度，对平台合规形成有效的外部监督、评价体系，加大平台经济相关国家标准研制力度。建立互联网平台信息公示制度，增强平台经营透明度，强化信用约束和社会监督。建立健全平台经济公平竞争监管制度，完善跨境数据流动“分级分类+负面清单”监管制度，探索制定互联网信息服务算法安全制度。

（三）推动协同治理

强化部门协同，坚持“线上线下一体化监管”原则，负有监管职能的各行业主管部门在负责线下监管的同时，承担相应线上监管的职责，实现审批、主管与监管权责统一。推动各监管部门间抽查检验鉴定结果互认，避免重复抽查、检测，探索建立案件会商和联合执法、联合惩戒机制，实现事前事中事后全链条监管。推动行业自律，督促平台企业依法合规经营，鼓励行业协会牵头制定团体标准、行业自律公约。加强社会监督，探索公众和第三方专业机构共同参与的监督机制，推动提升平台企业合规经营情况的公开度和透明度。

二、提升监管能力和水平

（四）完善竞争监管执法

对人民群众反映强烈的重点行业和领域，加强全链条竞争监管执法。依法查处平台经济领域垄断和不正当竞争等行为。严格依法查处平台经济领域垄断协议、滥用市场支配地位和违法实施经营者集中行为。强化平台广告导向监管，对重点领域广告加强监管。重点规制以减配降质产品误导消费者、平台未对销售商品的市场准入资质资格实施审查等问题，对存在缺陷的消费品落实线上经营者产品召回相关义务。加大对出行领域平台企业非法营运行为的打击力度。强化平台企业涉税信息报送等税收协助义务，加强平台企业税收监管，依法查处虚开发票、逃税等涉税违法行为。强化对平台押金、预付费、保证金等费用的管理和监督。

（五）加强金融领域监管

强化支付领域监管，断开支付工具与其他金融产品的不当连接，依法治理支付过程中的排他或“二选一”行为，对滥用非银行支付服务相关市场支配地位的行为加强监管，研究出台非银行支付机构条例。规范平台数据使用，从严监管征信业务，确保依法持牌合规经营。落实金融控股公司监管制度，严格审查股东资质，加强穿透式监管，强化全面风险管理和关联交易管理。严格规范平台企业投资入股金融机构和地方金融组织，督促平台企业及其控股、参股金融机构严格落实资本金和杠杆率要求。完善金融消费者保护机制，加强营销行为监管，确保披露信息真实、准确，不得劝诱超前消费。

（六）探索数据和算法安全监管

切实贯彻收集、使用个人信息的合法、正当、必要原则，严厉打击平台企业超范围收集个人信息、超权限调用个人信息等违法行为。从严管控非必要采集数据行为，依法依规打击黑市数据交易、大数据杀熟等数据滥用行为。在严格保护算法等商业秘密的前提下，支持第三方机构开展算法评估，引导平台企业提升算法透明度与可解释性，促进算法公平。严肃查处利用算法进行信息内容造假、传播负面有害信息和低俗劣质内容、流量劫持以及虚假注册账号等违法违规行为。推动平台企业深入落实网络安全等级保护制度，探索开展数据安全风险态势监测通报，建立应急处置机制。国家机关在执法活动中应依法调取、使用个人信息，保护数据安全。

（七）改进提高监管技术和手段

强化数字化监管支撑，建立违法线索线上发现、流转、调查处理等非接触式监管机制，提升监测预警、线上执法、信息公示等监管能力，支持条件成熟的地区开展数字化监管试点创新。加强和改进信用监管，强化平台经济领域严重违法失信名单管理。发挥行业协会作用，引导互联网企业间加强对严重违法失信名单等相关信用评价互通、互联、互认，推动平台企业对网络经营者违法行为实施联防联控。

三、优化发展环境

（八）降低平台经济参与者经营成本

持续推进平台经济相关市场主体登记注册便利化、规范化，支持省级人民政府按照相关要求，统筹开展住所与经营场所分离登记试点。进一步清理和规范各地于法无据、擅自扩权的平台经济准入等规章制度。完善互联网市场准入禁止许可目录。引导平台企业合理确定支付结算、平台佣金等服务费用，给予优质小微商户一定的流量扶持。平台服务收费应质价相符、公平合理，应与平台内经营者平等协商、充分沟通，不得损害公平竞争秩序。

（九）建立有序开放的平台生态

推动平台企业间合作，构建兼容开放的生态圈，激发平台企业活力，培育平台经济发展新动能。倡导公平竞争、包容发展、开放创新，平台应依法依规有序推进生态开放，按照统一规则公平对外提供服务，不得恶意不兼容，或设置不合理的程序要求。平台运营者不得利用数据、流量、技术、市场、资本优势，限制其他平台和应用独立运行。推动制定云平台间系统迁移和互联互通标准，加快业务和数据互联互通。

（十）加强新就业形态劳动者权益保障

落实网约配送员、网约车驾驶员等新就业形态劳动者权益保障相关政策措施。完善新就业形态劳动者与平台企业、用工合作企业之间的劳动关系认定标准，探索明确不完全符合确立劳动关系情形的认定标准，合理确定企业与劳动者的权利义务。引导平台企业加强与新就业形态劳动者之间的协商，合理制定订单分配、计件单价、抽成比例等直接涉及劳动者权益的制度和算法规则，并公开发布，保证制度规则公开透明。健全最低工资和支付保障制度，保障新就业形态劳动者获得合理劳动报酬。开展平台灵活就业人员职业伤害保障试点，探索用工企业购买商业保险等机制。实施全民参保计划，促进新就业形态劳动者参加社会保险。加强对新就业形态劳动者的安全意识、法律意识培训。

四、增强创新发展能力

（十一）支持平台加强技术创新

引导平台企业进一步发挥平台的市场和数据优势，积极开展科技创新，提升核心竞争力。鼓励平台企业不断提高研发投入强度，加快人工智能、云计算、区块链、操作系统、处理器等领域的技术研发突破。鼓励平台企业加快数字化绿色化融合技术创新研发和应用，助推构建零碳产业链和供应链。营造良好技术创新政策环境，进一步健全适应平台企业创新发展的知识产权保护制度。支持有实力的龙头企业或平台企业牵头组建创新联合体，围绕工业互联网底层架构、工业软件根技术、人工智能开放创新、公共算法集、区块链底层技术等领域，推进关键软件技术攻关。

（十二）提升全球化发展水平

支持平台企业推动数字产品与服务“走出去”，增强国际化发展能力，提升国际竞争力。积极参与跨境数据流动、数字经济税收等相关国际规则制定，参与反垄断、反不正当竞争国际协调，充分发挥自由贸易试验区、自由贸易港先行先试作用，推动构建互利共赢的国际经贸规则，为平台企业国际化发展营造良好环境。培育知识产权、商事协调、法律顾问等专业化中介服务，试点探索便捷的司法协调、投资保护和救济机制，强化海外知识产权风险预警、维权援助、纠纷调解等工作机制，保护我国平台企业和经营者在海外的合法权益。鼓励平台企业发展跨境电商，积极推动海外仓建设，提升数字化、智能化、便利化水平，推动中小企业依托跨境电商平台拓展国际市场。积极推动境外经贸合作区建设，培育仓储、物流、支付、通关、结汇等跨境电商产业链和生态圈。

（十三）鼓励平台企业开展模式创新

鼓励平台企业在依法依规前提下，充分利用技术、人才、资金、渠道、数据等方面优势，发挥创新引领的关键作用，推动“互联网+”向更大范围、更深层次、更高效率方向发展。鼓励基于平台的要素融合创新，加强行业数据采集、分析挖掘、综合利用，试点推进重点行业数据要素市场化进程，发挥数据要素对土地、劳动、资本等其他生产要素的放大、叠加、倍增作用。试点探索“所有权与使用权分离”的资源共享新模式，盘活云平台、开发工具、车间厂房等方面闲置资源，培育共享经济新业态。鼓励平台企业开展创新业务众包，更多向中小企业开放和共享资源。

五、赋能经济转型发展

（十四）赋能制造业转型升级

支持平台企业依托市场、数据优势，赋能生产制造环节，发展按需生产、以销定产、个性化定制等新型制造模式。鼓励平台企业加强与行业龙头企业合作，提升企业一体化数字化生产运营能力，推进供应链数字化、智能化升级，带动传统行业整体数字化转型。探索推动平台企业与产业集群合作，补齐区域产业转型发展短板，推动提升区域产业竞争力。引导平台企业积极参与工业互联网创新发展工程，开展关键技术攻关、公共平台培育，推动构建多层次、系统化的工业互联网平台体系。深入实施普惠性“上云用数赋智”行动，支持中小企业从数据上云逐步向管理上云、业务上云升级。实施中小企业数字化赋能专项行动，鼓励推广传统产业数字化、绿色化、智能化优秀实践。

（十五）推动农业数字化转型

鼓励平台企业创新发展智慧农业，推动种植业、畜牧业、渔业等领域数字化，提升农业生产、加工、销售、物流等产业链各环节数字化水平，健全农产品质量追溯体系，以品牌化、可追溯化助力实现农产品优质优价。规范平台企业农产品和农资交易行为，采购、销售的农产品、农兽药残留不得超标，不采购、销售质量不合格农资，切实保障产品质量安全，支持有机认证农产品采购、销售。引导平台企业在农村布局，加快农村电子商务发展，推进“互联网+”农产品出村进城。进一步引导平台经济赋能“三农”发展，加快推动农村信用信息体系建设，以数字化手段创新金融支持农业农村方式，培育全面推进乡村振兴新动能。

（十六）提升平台消费创造能力

鼓励平台企业拓展“互联网+”消费场景，提供高质量产品和服务，促进智能家居、虚拟现实、超高清视频终端等智能产品普及应用，发展智能导购、智能补货、虚拟化体验等新兴零售方式，推动远程医疗、网上办公、知识分享等应用。引导平台企业开展品牌消费、品质消费等网上促销活动，培育消费新增长点。鼓励平台企业助力优化公共服务，提升医疗、社保、就业等服务领域的普惠化、便捷化、个性化水平。鼓励平台企业提供无障碍服务，增强老年人、残疾人等特殊群体享受智能化产品和服务的便捷性。引导平台企业开展数字帮扶，促进数字技术和数字素养提升。

六、保障措施

（十七）加强统筹协调

充分依托已有机制，强化部门协同、央地联动，加强对平台经济领域重大问题的协同研判。加强监管行动、政策的统筹协调，充分听取各方意见，尤其是行政相对人意见，避免影响、中断平台企业正常经营活动，防范政策叠加导致非预期风险。强化中央统筹、省负总责、地方落实属地管理责任，坚持责任划分、评估考评与追责问责有机统一。

（十八）强化政策保障

鼓励创业投资、股权投资（基金）等加大投入科技创新领域，支持企业科技创新。鼓励依托各类高等学校、职业院校和研究机构加强对数字经济高端人才、实用人才的培养。加强全民数字技能教育和培训。各地要积极推进平台经济发展，健全推进平台经济发展的政策体系，及时研究解决平台经济发展中的重大问题。

（十九）开展试点探索

依托国家数字经济创新发展试验区、全面创新改革试验区、国家智能社会治理实验基地、全国网络市场监管与服务示范区、国家电子商务示范基地、自由贸易试验区、自由贸易港等，探索建立适应平台经济发展的监管模式，构建与平台经济创新发展相适应的制度环境。

附录二　上海市人民政府办公厅关于印发《上海市促进在线新经济发展行动方案（2020-2022年）》的通知[①]

沪府办发〔2020〕1号

各区人民政府，市政府各委、办、局：

经市政府同意，现将《上海市促进在线新经济发展行动方案（2020-2022年）》印发给你们，请认真按照执行。

上海市人民政府办公厅

2020年4月8日

上海市促进在线新经济发展行动方案（2020—2022年）

在线新经济是借助人工智能、5G、互联网、大数据、区块链等智能交互

① 摘自上海市人民政府官方网站（https：//www. shanghai. gov. cn），正文只对部分体例和标点符号进行了修改。

技术，与现代生产制造、商务金融、文娱消费、教育健康和流通出行等深度融合，具有在线、智能、交互特征的新业态新模式。为深刻领会习近平总书记关于“疫情对产业发展既是挑战也是机遇”的重要指示精神，进一步顺应需求、把握机遇、因势利导，加快发展新经济形态，培育产业新动能，制订本行动方案。

一、明确指导思想和行动目标

（一）指导思想

以习近平新时代中国特色社会主义思想为指导，深入贯彻中央关于统筹推进疫情防控和经济社会发展的部署，围绕经济高质量发展的总体目标，将加快在线新经济发展作为超大城市有效推进疫期防控和疫后经济复苏的重要落脚点，作为满足生产生活升级需求和技术场景赋能产业转型的重要发力点，作为强化科创策源功能和高端产业引领功能的重要结合点，坚持线上线下融合发展，着力推进智能交互技术集成创新、业态模式创新、服务创新和管理创新，着力拉动消费新需求，着力培育经济新增长点，着力营造产业发展新生态，促进上海经济率先实现质量变革、效率变革、动力变革。

（二）行动目标

聚焦一年，着眼三年，集聚优势资源，围绕重点领域打造四个“100+”。到 2022 年末，将上海打造成具有国际影响力、国内领先的在线新经济发展高地。

——集聚“100+”创新型企业。加快培育100家以上掌握核心技术、拥有自主知识产权、具有国际竞争力的高成长性创新企业，聚焦支持10家左右创新型头部企业和领军企业发展。

——推出“100+”应用场景。推出示范效应好、带动作用强、市场影响优的在线新经济应用场景，进一步集聚用户流量，带动新产业发展。

——打造“100+”品牌产品。打造美誉度高、创新性强的在线新经济品牌产品和服务，推动一批新产品先行先试，加快创新产品市场化和产业化，不断推陈出新、迭代升级。

——突破“100+”关键技术。创建一批研发与转化功能型平台，人工智能、5G、互联网、大数据、区块链等领域的技术创新成果不断涌现，产业核心竞争力显著增强。

二、聚焦发展重点

1. 打造标杆性无人工厂。建设100家以上无人工厂、无人生产线、无人车间，加快高端装备、汽车、航空航天、生物医药、电子信息、钢铁化工等行业智能化转型。聚焦柔性制造、云制造、共享制造等新制造模式，强化柔性化生产能力和数字化基础支撑，提高应急生产能力。加快研制具有自感知、自控制、自决策、自执行功能的智能制造单元、工业机器人和仓储机器人，加大自主机器人推广应用力度，创新发展智能多层穿梭车系统。（责任部门：市经济信息化委、市发展改革委、市科委）

2. 加快发展工业互联网。打造面向重点产业、重点环节的行业级和通用型工业互联网平台，鼓励企业利用能源、原材料、轻纺等产业电商平台优化供应链采购、分销体系。支持大型龙头企业建设企业专网，建设 20 个具有全国影响力的工业互联网平台。引导工业互联网平台与专业软件设计厂商合作，加快打造云端仿真开发环境。培育集成服务供应商，支持行业领军企业、互联网平台企业向系统解决方案供应商转型，推进智能交互技术、行业平台、软硬件产品的集成应用。（责任部门：市经济信息化委、市发展改革委、市科委）

3. 推广远程办公模式。顺应在家办公、异地办公、移动办公等需求，鼓励发展无边界协同、全场景协作的远程办公新模式。围绕员工信息上报、视频会议、协同办公、协同开发等场景，打造远程办公平台和管理体系，持续优化产品用户体验，增强用户黏性。注重运用新兴技术，开发全场景远程办公软件及系统解决方案，强化远程办公信息和数据安全。加快 5G 技术应用，提高远程办公效率。（责任部门：市经济信息化委、市商务委、市科委）

4. 优化在线金融服务。推动线上申贷续贷还贷、线上投资理财理赔、线上便民缴费等金融服务，丰富智慧银行、网上银行、手机银行等线上渠道，支持金融机构基于新技术开展金融服务创新。大力发展智慧财富管理，开发推广智能投顾、智能投研、智能风控、智能监管等，深入推进保险服务创新，建设“互联网+医疗健康+保险”的一体化健康保险服务平台。鼓励开展生物识别支付、智能穿戴设备支付等在线支付服务创新，提供安全便捷的支付业务。探索人工智能、大数据、知识图谱、区块链等技术应用于授信融资、承保理赔、资产管理等领域。（责任部门：市地方金融监管局、市经济信息化委、市科委）

5. 深化发展在线文娱。加速发展网络视听，依托音频、短视频、直播和影视类载体，推进新兴技术成果服务应用于内容生产。推动音视频大数据处理、全媒体智能播控、超高清视频制播等平台建设。顺应娱乐消费趋势，重视用户体验，进一步推动网游手游、网络文学、动漫电竞等互动娱乐产业

发展，支持线上比赛、交易、直播、培训、健身。（责任部门：市文化旅游局、市体育局、市市场监管局、市经济信息化委）

6. 创新发展在线展览展示。推动各类专业化会展线上线下融合发展，推进智能化会展场馆建设，放大“6+365”进博会一站式交易服务平台效应。推动大型展览展示企业和知名云服务企业共建云展服务实体，打造云会议、云展览、云走秀、云体验等系列活动。结合5G互动直播，加快VR/AR技术应用，拓展网上“云游”博物馆、美术馆、文创园区等，建设数字孪生景区，打造沉浸式全景在线产品。（责任部门：市商务委、市文化旅游局、市市场监管局、市经济信息化委）

7. 拓展生鲜电商零售业态。围绕生鲜、餐饮、农产品、日用品等领域，推动传统零售和渠道电商整合资源，线上建设网上超市、智慧微菜场，线下发展无人超市和智能售货机、无人回收站等智慧零售终端。鼓励开展直播电商、社交电商、社群电商、“小程序”电商等智能营销新业态。支持企业提升生鲜产品周转数字化管理能力，发展制冷预冷、保温保鲜等技术，规模化布局冷链仓储设施，建立产品流动和可溯源性信息平台，推进生鲜、农产品标准化建设，进一步提升食品安全。（责任部门：市商务委、市经济信息化委、市交通委、市市场监管局）

8. 加速发展“无接触”配送。推动无人配送在零售、医疗、餐饮、酒店、制造等行业应用，支持冷链物流、限时速送、夜间配送等物流配送模式。鼓励物业与快递企业建立市场化协作机制，加快社区、园区、楼宇等区域布局智能储物柜、保温外卖柜、末端配送服务站和配送自提点，推进社区储物设施共享，保障“最后一公里”送达。重点发展无人机、无人车等无人驾驶运载工具，满足城市间、城市内、社区内流通配送需求。推广全时空响应物流，提供特殊时期和行业定制化物流配送方案，发展网络货运平台和供应链综合服务平台，高效整合线下运力资源，提高智能化运营和调配能力，

实现物流服务全天候、广覆盖。（责任部门：市商务委、市交通委、市邮政管理局、市房屋管理局、市经济信息化委、市发展改革委）

9. 大力发展新型移动出行。推进智能网联汽车商业化场景应用，拓展汽车后市场服务，鼓励发展分时租赁共享汽车，探索自动驾驶出租车等出行新方式，加快“人—车—路—云”协同的基础设施建设，打造智慧出行服务链。推动加油站等发展“一键加油”“一键到车”等非接触式销售新模式。加快北斗导航等空间位置服务技术与交通出行相融合，结合管控信息、交通状况等优化出行路线，提高匹配效率和车辆利用率。（责任部门：市交通委、市经济信息化委、市公安局、市发展改革委、市科委）

10. 优化发展在线教育。推广线上线下深度融合、分散教学与集中教学结合的学习模式，打造“上海微校”“空中课堂”等线上教育品牌，推动重点平台企业和学校建设适合大规模在线学习的信息化基础应用平台。加强教育专网、教育云等基础设施建设，支持互联网教育服务和内容创新，推动“学分银行”建设，实现优质教育资源共享。推广在线职业教育和职业能力提升，围绕职业英语、行业技能、职业技能等领域，构建完善市民终身教育体系和数字化技能培养体系。规范发展“互联网+教育”，引导企业健康发展。（责任部门：市教委、市人力资源社会保障局、市经济信息化委）

11. 加快发展在线研发设计。发展在线定制化设计，建立数字化设计与虚拟仿真系统，创新个性化设计、用户参与设计、交互设计，丰富产品和服务供给。鼓励企业开展网络协同研发设计，推进人工智能、大数据、虚拟现实和增强现实等新技术在研发设计中应用。支持开展各类众创、众智、众包、众设的线上创作活动，鼓励发展各种形态的开发者社区。推动在线技术服务平台建设，促进知识共享、成果转化、技术和知识产权交易。（责任部门：市科委、市经济信息化委、市市场监管局）

12. 提升发展在线医疗。推进互联网医院发展，完善互联网诊疗服务管理制度，在线开展就医复诊、健康咨询、健康管理、家庭医生等各类服务。加快跨区域、跨层级的医疗数据共享应用，实现医学检查结果互联互通互认。推进各级医疗机构线上支付，试点推广医保移动支付。推广“云存储、云应用”模式，提升医疗机构信息化能级，鼓励互联网企业积极参与全市各级医疗机构信息化建设。积极推广基于5G技术的远程会诊、远程手术、远程超声、远程监护、远程流行病学调查等远程医疗应用。加快发展智能医学影像设备、手术机器人、康复机器人、消杀机器人等智能医疗设备，推动人工智能技术在疾病诊断、药物研发、海量数据处理等领域应用，为患者提供精准化健康管理方案。（责任部门：市卫生健康委、市医保局、市经济信息化委、市药品监管局）

三、实施专项行动

13. 智能交互核心技术攻关行动。围绕基础理论和算法、算力、数据，支持实时定位与地图构建、环境感知、语言交互、自主学习、人机协作、无人驾驶等关键技术研发，建设产学研用结合的高水平开放式协同创新平台。加快区块链和大数据技术突破，扩大区块链技术在供应链管理、移动支付、电子存证等领域应用，推动建设大数据联合创新实验室，建立行业大数据标签体系。鼓励智能交互技术跨界融合创新，加强集成电路、人工智能、生物医药等先导产业硬核技术攻关，提升智能家居、智能穿戴、在线消费、健康服务等领域集成应用水平。大力推进红外、医用、无人制造、智慧社区等重点领域智能传感器研发和产业化。（责任部门：市经济信息化委、市科委、市发展改革委）

14. 应用场景开放拓展行动。完善“揭榜挂帅”机制，建立模式场景动态发布制度，搭建供需对接平台，以应用带动集成，推动科技成果转化、重大产品集成创新和示范应用。依托临港新片区、长三角生态绿色一体化发展示范区、张江科学城、虹桥商务区等重点区域，探索设立在线新经济应用场景实践区，聚焦重点项目和场景落地，建设集研发设计、数据训练、中试应用、科技金融于一体的综合服务载体。（责任部门：市发展改革委、市经济信息化委、市商务委、市科委）

15. 创新型企业培育行动。采取奖励、资助、贷款贴息、购买服务等方式，精准、连续、滚动支持一批拥有核心技术、用户流量、商业模式的在线新经济领域创新型头部企业和领军企业。通过“云招商、云洽谈、云签约”等方式，积极开展招商引资和投资服务，建立常态化模式。引导支持风险投资、创业投资、股权投资等机构重点投向在线新经济领域。充分发挥“科创板”功能，支持鼓励在线新经济领域的高成长性创新企业优先在科创板上市。（责任部门：市经济信息化委、市发展改革委、市商务委、市科委、市地方金融监管局）

16. 品牌网络营销推广行动。鼓励支持骨干企业与网络平台、行业组织加强联动，通过信息消费节、云上购物节、创意设计周等系列活动，促进产品和服务的市场推广，做到线上线下融合发展，打造独具特色的知名品牌。用好进博会等对外开放窗口平台，加大在线新经济龙头企业和产品全球推介力度。（责任部门：市商务委、市经济信息化委、市发展改革委、市科委、市国资委）

17. 数据资源共享开放行动。统筹完善“城市大脑”架构，依托市大数据中心，优化公共数据采集质量，实现公共数据集中汇聚，推动医疗、教育等重点领域的数据开放应用，加强数据治理和共享流通，建立向社会企业开放的应用程序市场和开发者社区。深化系统集成共用，推动各部门、各区专用网络和信息系统整合融合，实现跨部门、跨层级工作机制协调顺畅。优化政务云资源配置，重构优化各类政务系统。加强网络空间安全保障，完善公共数据和个人信息保护。（责任部门：市政府办公厅、市经济信息化委）

18. 新型基础设施支撑行动。加快建设智能物流、生鲜冷链、新能源车充电桩、智能交通地图系统公共底座、大数据中心、工业互联网等城市基础体系，支撑产业链发展。加快建设5G引领的智能网络基础设施，重点支持5G、新型城域物联专网、IDC等信息基础设施的示范应用和模式创新。加快推动新型网络基础设施规划布局，建设新型互联网交换中心，提高通信连接速度、国际出口带宽和计算存储能力。（责任部门：市发展改革委、市经济信息化委、市交通委、市政府办公厅）

四、落实保障措施

19. 加大统筹协调力度。围绕在线教育、医疗健康、生鲜电商等在线新经济发展遇到的问题瓶颈，强化产业创新协调机制，发挥市制造业高质量发展领导小组、市服务业发展工作领导小组等的统筹协调功能，加大跨部门、跨层级合力推进解决问题的力度。（责任部门：市经济信息化委、市发展改革委、市商务委）

20. 实行包容审慎监管。探索适用于新业态新模式“沙盒”监管措施，放宽融合性产品和服务准入门槛，只要不违反法律法规，均应允许相关市场主体进入，允许试错、宽容失败，创新新型跨界产品和服务审批制度，市、区联合开展试点示范，本着鼓励创新的原则，分领域制定监管规则和标准，在严守安全底线的前提下为新业态发展留足空间。探索扩大免罚清单等容错

监管方式。（责任部门：市经济信息化委、市发展改革委、市市场监管局、市卫生健康委、市教委、市司法局）

21. 着力强化公共服务。提升“一网通办”服务能力，优化“互联网+政务服务”，完善“随申办”“市企业服务云”“市投资促进平台”，推广统一身份认证，支持电子印章、电子合同、在线签署等模式创新。着力推进城市运行“一网统管”，依托电子政务云，推动新兴技术先试先用，加强各类城市运行系统的互联互通，推动硬件设施共建共用，加快形成跨部门、跨层级、跨区域的协同运行体系，支撑在线新经济发展，培育专业化供应商。（责任部门：市政府办公厅、市经济信息化委）

22. 探索新型人才从业评价。培育具有专业优势、服务能力强、行业自律水平高的行业协会、学会等社会组织，探索通过社会组织为自由职业者提供职称申报渠道，在动漫游戏、数字编辑、创意设计、软件编程等领域，完善职称评价标准，健全业绩贡献评价方式。支持有条件的区域和企业探索在人力资源、创意设计等方面跨界合作新模式，开展自由职业者税收征管模式创新，允许电子商务经营者以网络经营场所申办个体工商户。（责任部门：市人力资源社会保障局、市市场监管局、市税务局、市经济信息化委）

23. 建设在线新经济生态园。结合人工智能、数字经济、工业互联网等国家级创新载体创建工作，按照全市产业地图布局，通过老厂房、老仓库、工业标准厂房和商务楼宇等存量资源的改造提升，打造一批特色鲜明、功能错位、相对集聚的在线新经济生态园，构建以在线新产业为核心，集平台、技术、应用于一体的创新创业生态体系，营造在线新经济发展良好生态。（责任部门：市经济信息化委、市科委、市发展改革委、上海科创办）

支持各区、各开发区按照本行动方案要求，立足本区域在线新经济发展，主动作为，出台专项支持政策，持续发力，形成叠加效应，为上海产业高质量发展打造新亮点、创造新标杆，形成经济发展新增量。

附录三　国务院关于印发促进大数据发展行动纲要的通知[①]

国发〔2015〕50号

各省、自治区、直辖市人民政府，国务院各部委、各直属机构：

现将《促进大数据发展行动纲要》印发给你们，请认真贯彻落实。

促进大数据发展行动纲要

大数据是以容量大、类型多、存取速度快、应用价值高为主要特征的数据集合，正快速发展为对数量巨大、来源分散、格式多样的数据进行采集、存储和关联分析，从中发现新知识、创造新价值、提升新能力的新一代信息技术和服务业态。

信息技术与经济社会的交汇融合引发了数据迅猛增长，数据已成为国家基础性战略资源，大数据正日益对全球生产、流通、分配、消费活动以及经济运行机制、社会生活方式和国家治理能力产生重要影响。目前，我国在大

① 摘自中华人民共和国商务部官网（www. mofcom. gov. cn），正文只对体例和部分标点符号进行了修改。

数据发展和应用方面已具备一定基础，拥有市场优势和发展潜力，但也存在政府数据开放共享不足、产业基础薄弱、缺乏顶层设计和统筹规划、法律法规建设滞后、创新应用领域不广等问题，亟待解决。为贯彻落实党中央、国务院决策部署，全面推进我国大数据发展和应用，加快建设数据强国，特制定本行动纲要。

一、发展形势和重要意义

全球范围内，运用大数据推动经济发展、完善社会治理、提升政府服务和监管能力正成为趋势，有关发达国家相继制定实施大数据战略性文件，大力推动大数据发展和应用。目前，我国互联网、移动互联网用户规模居全球第一，拥有丰富的数据资源和应用市场优势，大数据部分关键技术研发取得突破，涌现出一批互联网创新企业和创新应用，一些地方政府已启动大数据相关工作。坚持创新驱动发展，加快大数据部署，深化大数据应用，已成为稳增长、促改革、调结构、惠民生和推动政府治理能力现代化的内在需要和必然选择。

（一）大数据成为推动经济转型发展的新动力

以数据流引领技术流、物质流、资金流、人才流，将深刻影响社会分工协作的组织模式，促进生产组织方式的集约和创新。大数据推动社会生产要素的网络化共享、集约化整合、协作化开发和高效化利用，改变了传统的生产方式和经济运行机制，可显著提升经济运行水平和效率。大数据持续激发商业模式创新，不断催生新业态，已成为互联网等新兴领域促进业务创新增值、提升企业核心价值的重要驱动力。大数据产业正在成为新的经济增长点，将对未来信息产业格局产生重要影响。

（二）大数据成为重塑国家竞争优势的新机遇

在全球信息化快速发展的大背景下，大数据已成为国家重要的基础性战略资源，正引领新一轮科技创新。充分利用我国的数据规模优势，实现数据规模、质量和应用水平同步提升，发掘和释放数据资源的潜在价值，有利于更好发挥数据资源的战略作用，增强网络空间数据主权保护能力，维护国家安全，有效提升国家竞争力。

（三）大数据成为提升政府治理能力的新途径

大数据应用能够揭示传统技术方式难以展现的关联关系，推动政府数据开放共享，促进社会事业数据融合和资源整合，将极大提升政府整体数据分析能力，为有效处理复杂社会问题提供新的手段。建立“用数据说话、用数据决策、用数据管理、用数据创新”的管理机制，实现基于数据的科学决策，将推动政府管理理念和社会治理模式进步，加快建设与社会主义市场经济体制和中国特色社会主义事业发展相适应的法治政府、创新政府、廉洁政府和服务型政府，逐步实现政府治理能力现代化。

二、指导思想和总体目标

（一）指导思想

深入贯彻党的十八大和十八届二中、三中、四中全会精神，按照党中央、国务院决策部署，发挥市场在资源配置中的决定性作用，加强顶层设计和统筹协调，大力推动政府信息系统和公共数据互联开放共享，加快政府信息平台整合，消除信息孤岛，推进数据资源向社会开放，增强政府公信力，引导社会发展，服务公众企业；以企业为主体，营造宽松公平环境，加大大数据关键技术研发、产业发展和人才培养力度，着力推进数据汇集和发掘，深化大数据在各行业创新应用，促进大数据产业健康发展；完善法规制度和标准体系，科学规范利用大数据，切实保障数据安全。通过促进大数据发展，加快建设数据强国，释放技术红利、制度红利和创新红利，提升政府治理能力，推动经济转型升级。

（二）总体目标

立足我国国情和现实需要，推动大数据发展和应用在未来 5～10 年逐步实现以下目标：

打造精准治理、多方协作的社会治理新模式。将大数据作为提升政府治理能力的重要手段，通过高效采集、有效整合、深化应用政府数据和社会数据，提升政府决策和风险防范水平，提高社会治理的精准性和有效性，增强乡村社会治理能力；助力简政放权，支持从事前审批向事中事后监管转变，推动商事制度改革；促进政府监管和社会监督有机结合，有效调动社会力量参与社会治理的积极性。2017 年底前形成跨部门数据资源共享共用格局。

建立运行平稳、安全高效的经济运行新机制。充分运用大数据，不断提升信用、财政、金融、税收、农业、统计、进出口、资源环境、产品质量、企业登记监管等领域数据资源的获取和利用能力，丰富经济统计数据来源，实现对经济运行更为准确的监测、分析、预测、预警，提高决策的针对性、科学性和时效性，提升宏观调控以及产业发展、信用体系、市场监管等方面管理效能，保障供需平衡，促进经济平稳运行。

构建以人为本、惠及全民的民生服务新体系。围绕服务型政府建设，在公用事业、市政管理、城乡环境、农村生活、健康医疗、减灾救灾、社会救助、养老服务、劳动就业、社会保障、文化教育、交通旅游、质量安全、消费维权、社区服务等领域全面推广大数据应用，利用大数据洞察民生需求，优化资源配置，丰富服务内容，拓展服务渠道，扩大服务范围，提高服务质量，提升城市辐射能力，推动公共服务向基层延伸，缩小城乡、区域差距，促进形成公平普惠、便捷高效的民生服务体系，不断满足人民群众日益增长的个性化、多样化需求。

开启大众创业、万众创新的创新驱动新格局。形成公共数据资源合理适度开放共享的法规制度和政策体系，2018 年底前建成国家政府数据统一开放平台，率先在信用、交通、医疗、卫生、就业、社保、地理、文化、教育、科技、资源、农业、环境、安监、金融、质量、统计、气象、海洋、企业登记监管等重要领域实现公共数据资源合理适度向社会开放，带动社会公众开展大数据增值性、公益性开发和创新应用，充分释放数据红利，激发大众创业、万众创新活力。

培育高端智能、新兴繁荣的产业发展新生态。推动大数据与云计算、物联网、移动互联网等新一代信息技术融合发展，探索大数据与传统产业协同发展的新业态、新模式，促进传统产业转型升级和新兴产业发展，培育新的经济增长点。形成一批满足大数据重大应用需求的产品、系统和解决方案，建立安全可信的大数据技术体系，大数据产品和服务达到国际先进水平，国内市场占有率显著提高。培育一批面向全球的骨干企业和特色鲜明的创新型中小企业。构建形成政产学研用多方联动、协调发展的大数据产业生态体系。

三、主要任务

（一）加快政府数据开放共享，推动资源整合，提升治理能力

1. 大力推动政府部门数据共享。加强顶层设计和统筹规划，明确各部门数据共享的范围边界和使用方式，厘清各部门数据管理及共享的义务和权利，依托政府数据统一共享交换平台，大力推进国家人口基础信息库、法人单位信息资源库、自然资源和空间地理基础信息库等国家基础数据资源，以及金税、金关、金财、金审、金盾、金宏、金保、金土、金农、金水、金质等信息系统跨部门、跨区域共享。加快各地区、各部门、各有关企事业单位及社会组织信用信息系统的互联互通和信息共享，丰富面向公众的信用信息服务，提高政府服务和监管水平。结合信息惠民工程实施和智慧城市建设，推动中央部门与地方政府条块结合、联合试点，实现公共服务的多方数据共享、制度对接和协同配合。

2. 稳步推动公共数据资源开放。在依法加强安全保障和隐私保护的前提下，稳步推动公共数据资源开放。推动建立政府部门和事业单位等公共机构数据资源清单，按照“增量先行”的方式，加强对政府部门数据的国家统筹管理，加快建设国家政府数据统一开放平台。制定公共机构数据开放计划，落实数据开放和维护责任，推进公共机构数据资源统一汇聚和集中向社会开放，提升政府数据开放共享标准化程度，优先推动信用、交通、医疗、卫生、就业、社保、地理、文化、教育、科技、资源、农业、环境、安监、金融、质量、统计、气象、海洋、企业登记监管等民生保障服务相关领域的政

府数据集向社会开放。建立政府和社会互动的大数据采集形成机制，制定政府数据共享开放目录。通过政务数据公开共享，引导企业、行业协会、科研机构、社会组织等主动采集并开放数据。

专栏 1　政府数据资源共享开放工程

推动政府数据资源共享。制定政府数据资源共享管理办法，整合政府部门公共数据资源，促进互联互通，提高共享能力，提升政府数据的一致性和准确性。2017 年底前，明确各部门数据共享的范围边界和使用方式，跨部门数据资源共享共用格局基本形成。

形成政府数据统一共享交换平台。充分利用统一的国家电子政务网络，构建跨部门的政府数据统一共享交换平台，到 2018 年，中央政府层面实现数据统一共享交换平台的全覆盖，实现金税、金关、金财、金审、金盾、金宏、金保、金土、金农、金水、金质等信息系统通过统一平台进行数据共享和交换。

形成国家政府数据统一开放平台。建立政府部门和事业单位等公共机构数据资源清单，制定实施政府数据开放共享标准，制定数据开放计划。2018 年底前，建成国家政府数据统一开放平台。2020 年底前，逐步实现信用、交通、医疗、卫生、就业、社保、地理、文化、教育、科技、资源、农业、环境、安监、金融、质量、统计、气象、海洋、企业登记监管等民生保障服务相关领域的政府数据集向社会开放。

3. 统筹规划大数据基础设施建设。结合国家政务信息化工程建设规划，统筹政务数据资源和社会数据资源，布局国家大数据平台、数据中心等基础设施。加快完善国家人口基础信息库、法人单位信息资源库、自然资源和空间地理基础信息库等基础信息资源和健康、就业、社保、能源、信用、统计、质量、国土、农业、城乡建设、企业登记监管等重要领域信息资源，加强与社会大数据的汇聚整合和关联分析。推动国民经济动员大数据应用。加强军民信息资源共享。充分利用现有企业、政府等数据资源和平台设施，注重对现有数据中心及服务器资源的改造和利用，建设绿色环保、低成本、高效率、基于云计算的大数据基础设施和区域性、行业性数据汇聚平台，避免盲目建设和重复投资。加强对互联网重要数据资源的备份及保护。

专栏2　国家大数据资源统筹发展工程

整合各类政府信息平台和信息系统。严格控制新建平台，依托现有平台资源，在地市级以上（含地市级）政府集中构建统一的互联网政务数据服务平台和信息惠民服务平台，在基层街道、社区统一应用，并逐步向农村特别是农村社区延伸。除国务院另有规定外，原则上不再审批有关部门、地市级以下（不含地市级）政府新建孤立的信息平台和信息系统。到2018年，中央层面构建形成统一的互联网政务数据服务平台；国家信息惠民试点城市实现基础信息集中采集、多方利用，实现公共服务和社会信息服务的全人群覆盖、全天候受理和“一站式”办理。

整合分散的数据中心资源。充分利用现有政府和社会数据中心资源，运用云计算技术，整合规模小、效率低、能耗高的分散数据中心，构建形成布局合理、规模适度、保障有力、绿色集约的政务数据中心体系。统筹发挥各部门已建数据中心的作用，严格控制部门新建数据中心。开展区域试点，推进贵州等大数据综合试验区建设，促进区域性大数据基础设施的整合和数据资源的汇聚应用。

加快完善国家基础信息资源体系。加快建设完善国家人口基础信息库、法人单位信息资源库、自然资源和空间地理基础信息库等基础信息资源。依托现有相关信息系统，逐步完善健康、社保、就业、能源、信用、统计、质量、国土、农业、城乡建设、企业登记监管等重要领域信息资源。到 2018 年，跨部门共享校核的国家人口基础信息库、法人单位信息资源库、自然资源和空间地理基础信息库等国家基础信息资源体系基本建成，实现与各领域信息资源的汇聚整合和关联应用。

加强互联网信息采集利用。加强顶层设计，树立国际视野，充分利用已有资源，加强互联网信息采集、保存和分析能力建设，制定完善互联网信息保存相关法律法规，构建互联网信息保存和信息服务体系。

4. 支持宏观调控科学化。建立国家宏观调控数据体系，及时发布有关统计指标和数据，强化互联网数据资源利用和信息服务，加强与政务数据资源的关联分析和融合利用，为政府开展金融、税收、审计、统计、农业、规划、消费、投资、进出口、城乡建设、劳动就业、收入分配、电力及产业运行、质量安全、节能减排等领域运行动态监测、产业安全预测预警以及转变发展方式分析决策提供信息支持，提高宏观调控的科学性、预见性和有效性。

5. 推动政府治理精准化。在企业监管、质量安全、节能降耗、环境保护、食品安全、安全生产、信用体系建设、旅游服务等领域，推动有关政府部门和企事业单位将市场监管、检验检测、违法失信、企业生产经营、销售物流、投诉举报、消费维权等数据进行汇聚整合和关联分析，统一公示企业信用信息，预警企业不正当行为，提升政府决策和风险防范能力，支持加强事中事后监管和服务，提高监管和服务的针对性、有效性。推动改进政府管理和公共治理方式，借助大数据实现政府负面清单、权力清单和责任清单的透明化管理，完善大数据监督和技术反腐体系，促进政府简政放权、依法行政。

6. 推进商事服务便捷化。加快建立公民、法人和其他组织统一社会信用代码制度，依托全国统一的信用信息共享交换平台，建设企业信用信息公示系统和“信用中国”网站，共享整合各地区、各领域信用信息，为社会公众提供查询注册登记、行政许可、行政处罚等各类信用信息的一站式服务。在全面实行工商营业执照、组织机构代码证和税务登记证“三证合一”“一照一码”登记制度改革中，积极运用大数据手段，简化办理程序。建立项目并联审批平台，形成网上审批大数据资源库，实现跨部门、跨层级项目审批、核准、备案的统一受理、同步审查、信息共享、透明公开。鼓励政府部门高效采集、有效整合并充分运用政府数据和社会数据，掌握企业需求，推动行政管理流程优化再造，在注册登记、市场准入等商事服务中提供更加便捷有效、更有针对性的服务。利用大数据等手段，密切跟踪中小微企业特别是新设小微企业运行情况，为完善相关政策提供支持。

7. 促进安全保障高效化。加强有关执法部门间的数据流通，在法律许可和确保安全的前提下，加强对社会治理相关领域数据的归集、发掘及关联分析，强化对妥善应对和处理重大突发公共事件的数据支持，提高公共安全保障能力，推动构建智能防控、综合治理的公共安全体系，维护国家安全和社会安定。

专栏 3　政府治理大数据工程

推动宏观调控决策支持、风险预警和执行监督大数据应用。统筹利用政府和社会数据资源，探索建立国家宏观调控决策支持、风险预警和执行监督大数据应用体系。到 2018 年，开展政府和社会合作开发利用大数据试点，完善金融、税收、审计、统计、农业、规划、消费、投资、进出口、城乡建设、劳动就业、收入分配、电力及产业运行、质量安全、节能减排等领域国民经济相关数据的采集和利用机制，推进各级政府按照统一体系开展数据采集和综合利用，加强对宏观调控决策的支撑。

推动信用信息共享机制和信用信息系统建设。加快建立统一社会信用代码制度，建立信用信息共享交换机制。充分利用社会各方面信息资源，推动公共信用数据与互联网、移动互联网、电子商务等数据的汇聚整合，鼓励互联网企业运用大数据技术建立市场化的第三方信用信息共享平台，使政府主导征信体系的权威性和互联网大数据征信平台的规模效应得到充分发挥，依托全国统一的信用信息共享交换平台，建设企业信用信息公示系统，实现覆盖各级政府、各类别信用主体的基础信用信息共享，初步建成社会信用体系，为经济高效运行提供全面准确的基础信用信息服务。

建设社会治理大数据应用体系。到 2018 年，围绕实施区域协调发展、新型城镇化等重大战略和主体功能区规划，在企业监管、质量安全、质量诚信、节能降耗、环境保护、食品安全、安全生产、信用体系建设、旅游服务等领域探索开展一批应用试点，打通政府部门、企事业单位之间的数据壁垒，实现合作开发和综合利用。实时采集并汇总分析政府部门和企事业单位的市场监管、检验检测、违法失信、企业生产经营、销售物流、投诉举报、消费维权等数据，有效促进各级政府社会治理能力提升。

8. 加快民生服务普惠化。结合新型城镇化发展、信息惠民工程实施和智慧城市建设，以优化提升民生服务、激发社会活力、促进大数据应用市场化服务为重点，引导鼓励企业和社会机构开展创新应用研究，深入发掘公共服务数据，在城乡建设、人居环境、健康医疗、社会救助、养老服务、劳动就业、社会保障、质量安全、文化教育、交通旅游、消费维权、城乡服务等领域开展大数据应用示范，推动传统公共服务数据与互联网、移动互联网、可穿戴设备等数据的汇聚整合，开发各类便民应用，优化公共资源配置，提升公共服务水平。

专栏 4　公共服务大数据

工程医疗健康服务大数据。构建电子健康档案、电子病历数据库，建设覆盖公共卫生、医疗服务、医疗保障、药品供应、计划生育和综合管理业务的医疗健康管理和服务大数据应用体系。探索预约挂号、分级诊疗、远程医疗、检查检验结果共享、防治结合、医养结合、健康咨询等服务，优化形成规范、共享、互信的诊疗流程。鼓励和规范有关企事业单位开展医疗健康大数据创新应用研究，构建综合健康服务应用。

社会保障服务大数据。建设由城市延伸到农村的统一社会救助、社会福利、社会保障大数据平台，加强与相关部门的数据对接和信息共享，支撑大数据在劳动用工和社保基金监管、医疗保险对医疗服务行为监控、劳动保障监察、内控稽核以及人力资源社会保障相关政策制定和执行效果跟踪评价等方面的应用。利用大数据创新服务模式，为社会公众提供更为个性化、更具针对性的服务。

教育文化大数据。完善教育管理公共服务平台，推动教育基础数据的伴随式收集和全国互通共享。建立各阶段适龄入学人口基础数据库、学生基础数据库和终身电子学籍档案，实现学生学籍档案在不同教育阶段的纵向贯通。推动形成覆盖全国、协同服务、全网互通的教育资源云服务体系。探索发挥大数据对变革教育方式、促进教育公平、提升教育质量的支撑作用。加强数字图书馆、档案馆、博物馆、美术馆和文化馆等公益设施建设，构建文化传播大数据综合服务平台，传播中国文化，为社会提供文化服务。

交通旅游服务大数据。探索开展交通、公安、气象、安监、地震、测绘等跨部门、跨地域数据融合和协同创新。建立综合交通服务大数据平台，共同利用大数据提升协同管理和公共服务能力，积极吸引社会优质资源，利用交通大数据开展出行信息服务、交通诱导等增值服务。建立旅游投诉及评价全媒体交互中心，实现对旅游城市、重点景区游客流量的监控、预警和及时分流疏导，为规范市场秩序、方便游客出行、提升旅游服务水平、促进旅游消费和旅游产业转型升级提供有力支撑。

（二）推动产业创新发展，培育新兴业态，助力经济转型

1. 发展工业大数据。推动大数据在工业研发设计、生产制造、经营管理、市场营销、售后服务等产品全生命周期、产业链全流程各环节的应用，分析感知用户需求，提升产品附加价值，打造智能工厂。建立面向不同行业、不同环节的工业大数据资源聚合和分析应用平台。抓住互联网跨界融合机遇，促进大数据、物联网、云计算和三维（3D）打印技术、个性化定制等在制造业全产业链集成运用，推动制造模式变革和工业转型升级。

2. 发展新兴产业大数据。大力培育互联网金融、数据服务、数据探矿、数据化学、数据材料、数据制药等新业态，提升相关产业大数据资源的采集获取和分析利用能力，充分发掘数据资源支撑创新的潜力，带动技术研发体系创新、管理方式变革、商业模式创新和产业价值链体系重构，推动跨领域、跨行业的数据融合和协同创新，促进战略性新兴产业发展、服务业创新发展和信息消费扩大，探索形成协同发展的新业态、新模式，培育新的经济增长点。

专栏5　工业和新兴产业大数据工程

工业大数据应用。利用大数据推动信息化和工业化深度融合，研究推动大数据在研发设计、生产制造、经营管理、市场营销、售后服务等产业链各环节的应用，研发面向不同行业、不同环节的大数据分析应用平台，选择典型企业、重点行业、重点地区开展工业企业大数据应用项目试点，积极推动制造业网络化和智能化。

服务业大数据应用。利用大数据支持品牌建立、产品定位、精准营销、认证认可、质量诚信提升和定制服务等，研发面向服务业的大数据解决方案，扩大服务范围，增强服务能力，提升服务质量，鼓励创新商业模式、服务内容和服务形式。

培育数据应用新业态。积极推动不同行业大数据的聚合、大数据与其他行业的融合，大力培育互联网金融、数据服务、数据处理分析、数据影视、数据探矿、数据化学、数据材料、数据制药等新业态。

电子商务大数据应用。推动大数据在电子商务中的应用，充分利用电子商务中形成的大数据资源为政府实施市场监管和调控服务，电子商务企业应依法向政府部门报送数据。

3. 发展农业农村大数据。构建面向农业农村的综合信息服务体系，为农民生产生活提供综合、高效、便捷的信息服务，缩小城乡数字鸿沟，促进城乡发展一体化。加强农业农村经济大数据建设，完善村、县相关数据采集、传输、共享基础设施，建立农业农村数据采集、运算、应用、服务体系，强化农村生态环境治理，增强乡村社会治理能力。统筹国内国际农业数据资源，强化农业资源要素数据的集聚利用，提升预测预警能力。整合构建国家涉农大数据中心，推进各地区、各行业、各领域涉农数据资源的共享开放，加强数据资源发掘运用。加快农业大数据关键技术研发，加大示范力度，提升生产智能化、经营网络化、管理高效化、服务便捷化能力和水平。

专栏 6　现代农业大数据工程

农业农村信息综合服务。充分利用现有数据资源，完善相关数据采集共享功能，完善信息进村入户村级站的数据采集和信息发布功能，建设农产品全球生产、消费、库存、进出口、价格、成本等数据调查分析系统工程，构建面向农业农村的综合信息服务平台，涵盖农业生产、经营、管理、服务和农村环境整治等环节，集合公益服务、便民服务、电子商务和网络服务，为农业农村农民生产生活提供综合、高效、便捷的信息服务，加强全球农业调查分析，引导国内农产品生产和消费，完善农产品价格形成机制，缩小城乡数字鸿沟，促进城乡发展一体化。

农业资源要素数据共享。利用物联网、云计算、卫星遥感等技术，建立我国农业耕地、草原、林地、水利设施、水资源、农业设施设备、新型经营主体、农业劳动力、金融资本等资源要素数据监测体系，促进农业环境、气象、生态等信息共享，构建农业资源要素数据共享平台，为各级政府、企业、农户提供农业资源数据查询服务，鼓励各类市场主体充分发掘平台数据，开发测土配方施肥、统防统治、农业保险等服务。

农产品质量安全信息服务。建立农产品生产的生态环境、生产资料、生产过程、市场流通、加工储藏、检验检测等数据共享机制，推进数据实现自动化采集、网络化传输、标准化处理和可视化运用，提高数据的真实性、准确性、及时性和关联性，与农产品电子商务等交易平台互联共享，实现各环节信息可查询、来源可追溯、去向可跟踪、责任可追究，推进实现种子、农药、化肥等重要生产资料信息可追溯，为生产者、消费者、监管者提供农产品质量安全信息服务，促进农产品消费安全。

4. 发展万众创新大数据。适应国家创新驱动发展战略，实施大数据创新行动计划，鼓励企业和公众发掘利用开放数据资源，激发创新创业活力，促进创新链和产业链深度融合，推动大数据发展与科研创新有机结合，形成大数据驱动型的科研创新模式，打通科技创新和经济社会发展之间的通道，推动万众创新、开放创新和联动创新。

专栏7　万众创新大数据工程

大数据创新应用。通过应用创新开发竞赛、服务外包、社会众包、助推计划、补助奖励、应用培训等方式，鼓励企业和公众发掘利用开放数据资源，激发创新创业活力。

大数据创新服务。面向经济社会发展需求，研发一批大数据公共服务产品，实现不同行业、领域大数据的融合，扩大服务范围、提高服务能力。

发展科学大数据。积极推动由国家公共财政支持的公益性科研活动获取和产生的科学数据逐步开放共享，构建科学大数据国家重大基础设施，实现对国家重要科技数据的权威汇集、长期保存、集成管理和全面共享。面向经济社会发展需求，发展科学大数据应用服务中心，支持解决经济社会发展和国家安全重大问题。

知识服务大数据应用。利用大数据、云计算等技术，对各领域知识进行大规模整合，搭建层次清晰、覆盖全面、内容准确的知识资源库群，建立国家知识服务平台与知识资源服务中心，形成以国家平台为枢纽、行业平台为支撑，覆盖国民经济主要领域，分布合理、互联互通的国家知识服务体系，为生产生活提供精准、高水平的知识服务。提高我国知识资源的生产与供给能力。

5. 推进基础研究和核心技术攻关。围绕数据科学理论体系、大数据计算系统与分析理论、大数据驱动的颠覆性应用模型探索等重大基础研究进行前瞻布局，开展数据科学研究，引导和鼓励在大数据理论、方法及关键应用技术等方面展开探索。采取政产学研用相结合的协同创新模式和基于开源社区的开放创新模式，加强海量数据存储、数据清洗、数据分析发掘、数据可视化、信息安全与隐私保护等领域关键技术攻关，形成安全可靠的大数据技术体系。支持自然语言理解、机器学习、深度学习等人工智能技术创新，提升数据分析处理能力、知识发现能力和辅助决策能力。

6. 形成大数据产品体系。围绕数据采集、整理、分析、发掘、展现、应用等环节，支持大型通用海量数据存储与管理软件、大数据分析发掘软件、数据可视化软件等软件产品和海量数据存储设备、大数据一体机等硬件产品发展，带动芯片、操作系统等信息技术核心基础产品发展，打造较为健全的大数据产品体系。大力发展与重点行业领域业务流程及数据应用需求深度融合的大数据解决方案。

专栏 8　大数据关键技术及产品研发与产业化工程

通过优化整合后的国家科技计划（专项、基金等），支持符合条件的大数据关键技术研发。

加强大数据基础研究。融合数理科学、计算机科学、社会科学及其他应用学科，以研究相关性和复杂网络为主，探讨建立数据科学的学科体系；研究面向大数据计算的新体系和大数据分析理论，突破大数据认知与处理的技术瓶颈；面向网络、安全、金融、生物组学、健康医疗等重点需求，探索建立数据科学驱动行业应用的模型。

大数据技术产品研发。加大投入力度，加强数据存储、整理、分析处理、可视化、信息安全与隐私保护等领域技术产品的研发，突破关键环节技术瓶颈。到2020年，形成一批具有国际竞争力的大数据处理、分析、可视化软件和硬件支撑平台等产品。

提升大数据技术服务能力。促进大数据与各行业应用的深度融合，形成一批代表性应用案例，以应用带动大数据技术和产品研发，形成面向各行业的成熟的大数据解决方案。

7. 完善大数据产业链。支持企业开展基于大数据的第三方数据分析发掘服务、技术外包服务和知识流程外包服务。鼓励企业根据数据资源基础和业务特色，积极发展互联网金融和移动金融等新业态。推动大数据与移动互联网、物联网、云计算的深度融合，深化大数据在各行业的创新应用，积极探索创新协作共赢的应用模式和商业模式。加强大数据应用创新能力建设，建立政产学研用联动、大中小企业协调发展的大数据产业体系。建立和完善大数据产业公共服务支撑体系，组建大数据开源社区和产业联盟，促进协同创新，加快计量、标准化、检验检测和认证认可等大数据产业质量技术基础建设，加速大数据应用普及。

专栏9　大数据产业支撑能力提升工程

培育骨干企业。完善政策体系，着力营造服务环境优、要素成本低的良好氛围，加速培育大数据龙头骨干企业。充分发挥骨干企业的带动作用，形成大中小企业相互支撑、协同合作的大数据产业生态体系。到

2020年，培育10家国际领先的大数据核心龙头企业，500家大数据应用、服务和产品制造企业。

大数据产业公共服务。整合优质公共服务资源，汇聚海量数据资源，形成面向大数据相关领域的公共服务平台，为企业和用户提供研发设计、技术产业化、人力资源、市场推广、评估评价、认证认可、检验检测、宣传展示、应用推广、行业咨询、投融资、教育培训等公共服务。

中小微企业公共服务大数据。整合现有中小微企业公共服务系统与数据资源，链接各省（区、市）建成的中小微企业公共服务线上管理系统，形成全国统一的中小微企业公共服务大数据平台，为中小微企业提供科技服务、综合服务、商贸服务等各类公共服务。

（三）强化安全保障，提高管理水平，促进健康发展

1. 健全大数据安全保障体系。加强大数据环境下的网络安全问题研究和基于大数据的网络安全技术研究，落实信息安全等级保护、风险评估等网络安全制度，建立健全大数据安全保障体系。建立大数据安全评估体系。切实加强关键信息基础设施安全防护，做好大数据平台及服务商的可靠性及安全性评测、应用安全评测、监测预警和风险评估。明确数据采集、传输、存储、使用、开放等各环节保障网络安全的范围边界、责任主体和具体要求，切实加强对涉及国家利益、公共安全、商业秘密、个人隐私、军工科研生产等信息的保护。妥善处理发展创新与保障安全的关系，审慎监管，保护创新，探索完善安全保密管理规范措施，切实保障数据安全。

2. 强化安全支撑。采用安全可信产品和服务，提升基础设施关键设备安全可靠水平。建设国家网络安全信息汇聚共享和关联分析平台，促进网络安全相关数据融合和资源合理分配，提升重大网络安全事件应急处理能力；深

化网络安全防护体系和态势感知能力建设，增强网络空间安全防护和安全事件识别能力。开展安全监测和预警通报工作，加强大数据环境下防攻击、防泄露、防窃取的监测、预警、控制和应急处置能力建设。

专栏 10 网络和大数据安全保障工程

网络和大数据安全支撑体系建设。在涉及国家安全稳定的领域采用安全可靠的产品和服务，到 2020 年，实现关键部门的关键设备安全可靠。完善网络安全保密防护体系。

大数据安全保障体系建设。明确数据采集、传输、存储、使用、开放等各环节保障网络安全的范围边界、责任主体和具体要求，建设完善金融、能源、交通、电信、统计、广电、公共安全、公共事业等重要数据资源和信息系统的安全保密防护体系。

网络安全信息共享和重大风险识别大数据支撑体系建设。通过对网络安全威胁特征、方法、模式的追踪、分析，实现对网络安全威胁新技术、新方法的及时识别与有效防护。强化资源整合与信息共享，建立网络安全信息共享机制，推动政府、行业、企业间的网络风险信息共享，通过大数据分析，对网络安全重大事件进行预警、研判和应对指挥。

四、政策机制

（一）完善组织实施机制

建立国家大数据发展和应用统筹协调机制，推动形成职责明晰、协同推进的工作格局。加强大数据重大问题研究，加快制定出台配套政策，强化国家数据资源统筹管理。加强大数据与物联网、智慧城市、云计算等相关政策、规划的协同。加强中央与地方协调，引导地方各级政府结合自身条件合理定位、科学谋划，将大数据发展纳入本地区经济社会和城镇化发展规划，制定出台促进大数据产业发展的政策措施，突出区域特色和分工，抓好措施落实，实现科学有序发展。设立大数据专家咨询委员会，为大数据发展应用及相关工程实施提供决策咨询。各有关部门要进一步统一思想，认真落实本行动纲要提出的各项任务，共同推动形成公共信息资源共享共用和大数据产业健康安全发展的良好格局。

（二）加快法规制度建设

修订政府信息公开条例。积极研究数据开放、保护等方面制度，实现对数据资源采集、传输、存储、利用、开放的规范管理，促进政府数据在风险可控原则下最大程度开放，明确政府统筹利用市场主体大数据的权限及范围。制定政府信息资源管理办法，建立政府部门数据资源统筹管理和共享复用制度。研究推动网上个人信息保护立法工作，界定个人信息采集应用的范围和方式，明确相关主体的权利、责任和义务，加强对数据滥用、侵犯个人隐私等行为的管理和惩戒。推动出台相关法律法规，加强对基础信息网络和关键行业领域重要信息系统的安全保护，保障网络数据安全。研究推动数据资源权益相关立法工作。

（三）健全市场发展机制

建立市场化的数据应用机制，在保障公平竞争的前提下，支持社会资本参与公共服务建设。鼓励政府与企业、社会机构开展合作，通过政府采购、服务外包、社会众包等多种方式，依托专业企业开展政府大数据应用，降低社会管理成本。引导培育大数据交易市场，开展面向应用的数据交易市场试点，探索开展大数据衍生产品交易，鼓励产业链各环节市场主体进行数据交换和交易，促进数据资源流通，建立健全数据资源交易机制和定价机制，规范交易行为。

（四）建立标准规范体系

推进大数据产业标准体系建设，加快建立政府部门、事业单位等公共机构的数据标准和统计标准体系，推进数据采集、政府数据开放、指标口径、分类目录、交换接口、访问接口、数据质量、数据交易、技术产品、安全保密等关键共性标准的制定和实施。加快建立大数据市场交易标准体系。开展标准验证和应用试点示范，建立标准符合性评估体系，充分发挥标准在培育服务市场、提升服务能力、支撑行业管理等方面的作用。积极参与相关国际标准制定工作。

（五）加大财政金融支持

强化中央财政资金引导，集中力量支持大数据核心关键技术攻关、产业链构建、重大应用示范和公共服务平台建设等。利用现有资金渠道，推动建设一批国际领先的重大示范工程。完善政府采购大数据服务的配套政策，加大对政府部门和企业合作开发大数据的支持力度。鼓励金融机构加强和改进金融服务，加大对大数据企业的支持力度。鼓励大数据企业进入资本市场融资，努力为企业重组并购创造更加宽松的金融政策环境。引导创业投资基金投向大数据产业，鼓励设立一批投资于大数据产业领域的创业投资基金。

（六）加强专业人才培养

创新人才培养模式，建立健全多层次、多类型的大数据人才培养体系。

鼓励高校设立数据科学和数据工程相关专业，重点培养专业化数据工程师等大数据专业人才。鼓励采取跨校联合培养等方式开展跨学科大数据综合型人才培养，大力培养具有统计分析、计算机技术、经济管理等多学科知识的跨界复合型人才。鼓励高等院校、职业院校和企业合作，加强职业技能人才实践培养，积极培育大数据技术和应用创新型人才。依托社会化教育资源，开展大数据知识普及和教育培训，提高社会整体认知和应用水平。

（七）促进国际交流合作

坚持平等合作、互利共赢的原则，建立完善国际合作机制，积极推进大数据技术交流与合作，充分利用国际创新资源，促进大数据相关技术发展。结合大数据应用创新需要，积极引进大数据高层次人才和领军人才，完善配套措施，鼓励海外高端人才回国就业创业。引导国内企业与国际优势企业加强大数据关键技术、产品的研发合作，支持国内企业参与全球市场竞争，积极开拓国际市场，形成若干具有国际竞争力的大数据企业和产品。